금! 금! 금!
금의 세계, 금의 경제,
금의 신비

금! 금! 금!
금의 세계, 금의 경제,
금의 신비

경제학박사 채 대 석

한국학술정보[주]

차 례

인류역사와 함께 해온 황금빛 금속인 금은 권력과 역사의 흥망성쇠 속에서도 찬란한 빛을 잃지 않고 인류 최고의 소유물로서 그 가치를 유지해 왔다. 그리고 앞으로도 하이테크 분야의 무한한 활용성으로 인해 그 가치는 금 고유의 화학적 불활성 특성만큼이나 변하지 않을 것이다. 뿐만 아니라 높은 불확실성의 시대에 예기치 못한 어려움으로부터 개인과 조직과 국가를 거뜬히 구해낼 수 있는 그 신비의 힘으로 인해 준비자산으로써의 신뢰 역시 적지 않을 것이다.

비록 황금빛 악마(yellow devil), 빛나는 여명(glowing dawn), 야만스런 성물(barbarous relic) 등, 인간이 자기의 기호와 선호에 따라 다른 모습으로 표현했을지라도 5천 년 전의 이집트시대의 금이나, 지금 우리의 눈앞에 보이는 금이나 그 아름다운 빛과 화학적 성질은 변함이 없다. 수천 년을 물과 흙 속에서 잠자고 있어도 약간의 처리만 거치면 그 아름다움과 가치는 다시 회복되는 신비로운 복원력을 가진 것이 금이다.

그럼에도 인간의 욕심이 때로는 금을 악마로, 때로는 바보스러운 성물로, 때로는 인간 최고의 소유물로 둔갑시킨다. 금의 위치와 가치는 변함없는데 금을 때와 장소에 따라 다른 모습으로 평가한 것은 순전히 인간의, 어쩌면 간사한 마음에 기인된 것일 뿐이다. 황금에 눈이 먼 탐욕스런 일부 인간이 스스로 멸망의 길로 들었던 교훈에서 우리는 재물에 대한 겸허한 자세를 배우고, 개인과 국가의 경제적 어려움을 극복한 준비자산의 한 유용한 수단으로 활용했던 지난 역사에서 미래를 대비한 지혜를 배운다.

미래를 대비한 준비자산으로서의 금은 그것이 화폐용 금으로 이용되든 장식용 금으로 쓰이든 그 역할에 있어서는 큰 차이가 없을 것이다. 다만 보석으로 쓰일 경우는 강도와 색깔의 변화를 위해 합금이 되기 때문에 그 순수성이 다소 떨어질 뿐이다.

이 책은 이러한 황금을 둘러싼 신비로운 비밀을 벗겨 금을 재테크의 수단으로 여기는 금 투자자나 일반인들이 교훈과 지혜를 얻는 데 도움을 주고자 하는 데 목적이 있다. 그러나 금은 단순한 상품(mere commodity) 이상의 의미를 갖고 있다. 비록 1970년대 이후 국제통화기금(International Monetary Fund : IMF)에서 그 역할을 축소시키긴 했으나, IMF에 대한 신뢰는 금 보유에 의해 보증되고 있으며 세계 모든 나라의 중앙은행은 금을 보유함으로서 신용을 보증 받으려 하고 있다.

금이 상품으로서 국제거래가 이루어지면 국제수지 항목의 경상계정에 처리 되지만 공적 기관에 의해 이동되면 화폐용 금(monetary gold)으로서 금융계정에 처리한다. 이와 같은 금의 상품적 역할과 화폐적 역할의 동시성을 금의 이중적 역할(dual role)이라 한다. 이런 금의 이중적 역할을 고려하여 금과 국제통화의 관계가 군데군데 언급되지 않을 수 없었다. 이러한 면은 일반인에게는 지루한 느낌을 갖게 하지만 금의 신비를 벗긴다는 생각에서 빠트릴 수 없었다.

한편 이 책의 원고가 완성될 즈음 세계 금 가격 상승이 주목을 받기 시작했기 때문에 최근의 금 가격 상승 배경과 전망이라는 내용을 추가하여 금 투자와 회수의 시기를 결정하는 데 도움이 되고자 하였다.

여기에 참고가 된 자료가 세계 전체의 금세계에 관련된 것이고, 우리나라의 금에 관한 자료는 저자의 능력 부족으로 정리하지 못한 아쉬움이 남는다. 혹시 수정판이 출간될 기회가 있으면 이를 보완하고자 한다. 이 글을 읽는 독자 중 이 분야에 관심과 정보를 가진 독자가 있다면 정보를 공유하기를 소망한다.

끝으로, 이 원고를 기꺼이 출판해 준 한국학술정보(주) 대표와 관계자 여러분에게 감사드리며 작업에 함께한 박동정 군, 조교 정화정, 김규현 군과 자료 수집을 도와준 장태식 군의 노고를 고맙게 생각하는 바이다.

2006년 새해 온방골 연구실에서
저자 채대석
e-mail : cds@dongguk.ac.kr

금에 대한 일반적인
상식과 역사

1. 금에 대한 일반적인 상식과 역사

- 금의 일반적 특징과 상식 -

금은 Gold(영어), Gold(독일어), Guld(덴마크어), Gulden(네덜란드어), Goud(남아프리카공용어), Kulta(핀란드어), Aurum(라틴어) 등으로 불리어지는 주기율표(periodic table)의 원자번호(atomic number) 79이며, 기호 Au인 화학원소(chemical element)이다. 단순히 원소라고도 부르는 화학원소는 보통의 화학적 방법에 의해서는 다른 물질로 변화되거나 분할될 수 없는 물질을 말한다.

원소의 가장 작은 조각이 원자(atom)이고 이것은 양성자(protons)와 중성자(neutrons)로 된 핵(nucleus)을 중심으로 한 전자들(electrons)로 구성되어 있다. 금의 밀도(density) 혹은 비중(specific gravity)은 19.32이며, 이는 $1cm^3$의 무게가 19.32g이라는 것이고 같은 체적의 물보다 19.32배 무겁다는 의미로 가장 무거운 금속의 하나이다. 1트로이온스는 $1.64cm^3$이고 1톤의 금은 $37.27cm^3$의 체적을 갖는다. 한편 금은 1,064℃(1,947℉)에 녹는 금속이기도 하다.

한 원소의 원자에 있는 양성자의 수가 원소의 원자번호이기 때문에 원자번호 79라는 말은 금이라는 원소는 원자에 양성자 수가 79개이며,

핵 속에 79개의 양성자를 갖는 모든 원자는 금의 원자가 된다. 기호가 Au인 것은 라틴어의 aurum(금)의 약자이고 찬란한 여명(shining dawn or glowing dawn)이라는 의미를 포함하고 있다.

금은 부드럽고, 빛나며, 황금색이며, 무겁고, 전성이 있고(malleable), 연성이 높은(ductile) 전이금속(transition metal)이다. 금은 대부분의 화학약품에 반응하지 않지만 염소(chlorine : 기호 Cl, 번호 17)와 왕수(aqua regia ; 진한 질산과 진한 염산의 혼합액)에 침식된다. 금은 바위에 주로 천연의 금속덩어리(nuggets)로 분리된 채 존재하거나 사금퇴적(alluvial deposits)상태로 존재한다.

금은 동, 은과 함께 전통적인 화폐주조금속(coinage metals) 혹은 귀금속(noble metals)으로 알려져 있다. 또한 금은 많은 나라에서 통화표준(monetary standard)으로 사용되고, 또한 보석(jewelry)으로도 사용되어 돈(money)으로서의 금과 장식(adornment)으로서의 금의 균형은 역사적으로 오랜 기간 유지되어 왔다. 뿐만 아니라 치과 의술(dentistry)과 전자(electronics)부문과 같은 의학 및 첨단과학 분야에도 사용되고 있다.

금의 통화코드는 XAU이다. 국제표준화기구(The International Organization for Standardization : ISO)에서는 통화의 이름을 정의하기 위해 세 개의 문자를 코드화하고 있는데, 한국의 원화는 KRW이라는 코드를 부여하고 있다. 이때 앞 두 문자 예컨대, KR은 "KOREA"를 의미하고 뒤에 W는 "Won"의 약자이다. 그러나 통화뿐만 아니라 금, 은, 팔라듐(palladium : 기호 Pa, 번호 46), 백금(platinum)과 국제금융에서 사용되는 특별 인출권(Special Drawing Right : SDR)에 대해서도 통화코드를 부여하고 있는데 이들에는 앞에 "X"를 첨가하여, 금에는 "XAU"이고 SDR은 "XDR"의 코드를 부여하여 구분하고 있다.

금은 황금색을 띠는 금속원소(metallic element)이지만 검게 되거나 진홍색이 될 수도 있고 미세하게 분할되면 자줏빛이 날 때도 있다. 금은 전성과 연성이 높은 금속으로 알려져 있는데, 1g으로 1㎡의 얇은 판으로 두드려 펼 수 있고 1oz(온스)으로 300feet^{2}의 금박판을 만들 수 있다. 금은 부드럽지만, 다른 금속과 합금되어 보다 강도가 높은 금속이 된다.

금은 또한 열과 전기의 양도체(good conductor)로써 공기와 대부분의 시약(reagent)에 영향을 받지 않는다. 또한 열과, 습기, 산과 같은 대부분의 부식제(corrosive agents)에 의해서도 화학적으로 불변이기 때문에 경화(coin)나 보석 등으로 사용되기에 적절하고, 수천 년 전의 역사적 유물들이 흙속이나 물속에서 잠자고 있다가도 밖으로 나오면 그 찬란한 빛을 조금도 잃지 않는다.

고체상태의 황금색과 교질상태의 진홍색은 이 원소의 플라즈몬 주파수(plasmon frequency)가 붉은색과 노란색은 반사되도록 하고 푸른색은 흡수하도록 하기 때문이다. 천연금(native gold)은 대체로 8~10%의 은을 함유하고 있고, 은 함량이 높은 자연합금은 호박금(electrum) 혹은 양은이라 한다. 은의 함량이 높아질수록 흰색을 띠게 되고 비중(specific gravity)이 낮아진다. 동과의 합금은 보다 붉게 되고, 철과의 합금은 녹색이 되고, 알루미늄과의 합금은 진홍색이 된다.

순금은 보통 사용하기에는 너무 연성이 높아서 은과 동과의 합금에 의해서 단단하게 하여 많이 사용된다. 금 및 합금은 보석과 주조화폐 혹은 화폐교환의 표준으로 사용되었지만 금의 우수한 전기전도성, 부식내구성, 기타 물리적, 화학적 성격 때문에 20세기 후반부터 필수산업금속으로 등장하고 있다.

컴퓨터, 통신장비, 우주선, 제트항공 엔진 등 다른 많은 제품에 금이 필수적 기능을 하며, 높은 전기전도성과 산화의 내구성 때문에 전기 연결자 표면에 전기 도금한 얇은 막으로 광범위하게 사용되어 우수한 저 저항연결성을 보장한다. 은과 마찬가지로 수은과 함께 혼합되어 단단한 아말감(amalgam ; 수은과 혼합된 합금)이 될 수 있어서, 치과 충전재(dental fillings)로 종종 사용된다. 교질상태의 금(초미세입자 아교상태의 금)은 진한 색채를 띠는 분해체이고 의료용, 생물학적 이용 등 많은 다른 용도를 위해 연구되고 있다. 또한 도자기를 굽기 전에 금칠로 사용되기도 한다. 은색 이미지를 내기 위해서 사진술에서는 염산과 함께 사용되기도 한다.

인산 오로시오머레이트(aurothiomalate)는 류마치스성 관절염(rheumatoid arthritis)의 치료제로 쓰이기도 하며, 금 동위원소 AU-198(반감기 2.7일)은 암치료 혹은 기타 질병 치료에 이용된다. 금은 주사전자현미경(scanning electron microscope : SEM)으로 생체물질(biological material)이 관찰될 수 있도록 코팅하는 데도 이용된다. 그 밖에 올림픽이나 노벨상과 같은 많은 경기나 영예에 금메달이 수여되는 것은 신성한 금의 가치에 대한 또 다른 표현이라 할 수 있다. 적외선(infrared)과 가시광선(visible light)의 반사재이므로 인공위성의 보호막으로도 이용된다.

금은 유사 이전부터 알려져 왔고 대단히 높이 평가되었다. BC 2600 년경에 이집트 상형문자는 금을 묘사하고 있고 메소포타미아의 터쉬라타(Tushratta)왕은 이집트에는 흔하게 금이 존재하고 있다고 언급하고 있다. 이집트와 나일 강 유역의 고대왕족인 누비아(Nubia)는 주요 산금지역이 될 만큼 금 자원을 갖고 있었다.

금은 또한 구약(Old Testament)에 몇 번 언급되고 있다. 흑해의 동남쪽은 금으로 유명했고, 금에 관한 이야기는 마이더스 왕 때부터 지금까지 회자되고 있다. BC 700년경에 리디아(Lydia)에서 세계 최초의 주조화폐를 제정하는 데도 금은 중요한 것이었다. 아메리카를 향한 유럽 탐험은 아메리카 인디언에 의해 대량으로 진열된 금 장식에 의해 적지 않게 자극받았다. 특히 중앙아메리카, 페루, 콜롬비아는 금 탐욕가들의 대상이었다.

고대에 있어서 금은 지질학적으로 획득하기가 쉬운 편이었다. 금의 첫 번째 공급처인 일차적 매장은 화성암(igneous rocks)에 있으며, 매장물이 일반적으로 경제적으로 실용화되기 위해서는 이차적인 질의 향상이 필요하게 된다. 침식이나 용해와 같은 화학적 혹은 물리적 변화와 같은 것이 필요한데, 황화물(sulfides) 혹은 석영(quartz)에 응축되는 성질이 이용된다. 매장은 광맥(reef) 혹은 암맥(vein)이라 불려지고, 비바람에 의해 침식된 대부분은 하천바닥으로 이동되고 다른 광물들과 함께 모여서 사광(placer deposits)을 형성한다. 이런 형태의 매장은 자연 상태이고, 빛나는 황금색 금속상태이다.

금은 오랫동안 가장 귀중한 금속의 하나였고, 그 가치는 많은 통화의 표준으로 사용되어 역사상 금본위제의 중요 요소였으며, 순수, 가치, 충성, 기타 금의 성질과 결합된 특별한 역할을 하는 데 사용되었다.

옛날 연금술사(alchemists)의 일차적 목적은 다른 물질, 예컨대 납과 같은 것으로부터 금을 생산하는 것이었다. 이러한 시도는 성공하지 못했지만 물질에 관련된 관심을 촉진시켰고 화학의 기초를 낳았다. 금에 대한 연금술사의 상징은 중앙에 점을 가진 원(circle with a point)으로 표현되었고, 이러한 표현은 또한 점성학의 상징이었으며, 이집트 상형문자와 고대 중국 문자에도 태양의 상징으로서 나타난다(한자의 "日"이 그 예이다).

19C에는 소위 골드러시(gold rushes)가 일어나 많은 매장금이 발견되었으며, 미국의 캘리포니아, 콜로라도, 블랙힐스, 뉴질랜드의 오타고(Otago), 오스트레일리아, 캐나다의 클론다이크 등으로 금을 찾는 자들이 모여들었다. 그 후 이렇게 발견된 금의 세계 최대 저장소는 미국 연방준비은행 금고가 되었다.

다른 귀금속과 마찬가지로 금은 트로이무게와 그램으로 측정된다. 중세시대의 중요한 무역도시인 프랑스의 트로이(Troyes)시에서 연유된 트로이무게의 트로이온스는 일반 무게인 애버더포이즈(avoirdupois)온스보다 10%정도 무겁다. 트로이 1온스는 31.1034768g인데, 상형 혹은 애버더포이즈 1온스는 28.33495g이다. 금이 다른 금속과 합금될 때 금의 함량을 나타내기 위해 캐럿(carat)이라는 단위가 사용된다. 24캐럿은 순금이고, 금괴(gold bar)의 순도는 마일스멀 품위(milesimal fineness)를 나타내는 소수점 숫자로 0.995처럼 표현한다.

금 가격은 공개시장에서 결정되지만 1919년부터 시작된 런던의 금 가결정(Gold Fixing)의 절차에 따른 1일 2회의 기준가가 참고된다. 금은 금본위제도로 알려진 것과 같은 경제제도에 있어서 통화지원에 사용되었다. 금본위제하에서는 통화 1단위는 일정량의 금과 동등하게 취급하였다. 이 제도의 일부로써 정부는 금과 교환되는 화폐가치로 금 가격을 통제하려 했다. 예컨대 미국은 오랫동안 트로이온스당 $20.67 로 금 가격을 설정했으나, 1934년 금 가격을 트로이온스당 $35.00 로 정했다.

1961년경 이 가격 유지가 어렵게 되자, 미국 및 유럽은행이 합동 (pool)으로 시장의 힘을 방어하려고 공동 노력을 했다. 그러나 1967 년 파운드화의 평가절하라는 경제사정이 금풀제의 와해를 가져왔고, 2중 가격제(two-tired pricing scheme)가 확립되어, 국제 계정 청산에는 트로이온스당 $35.00을 사용하고 민간시장에서는 변동되도 록 허용했다. 그 후 1975년에는 2중 가격제가 폐지되고 자유시장 수 준에 일임했다. 1968년 이래로 공개시장에서의 금 가격은 크게 변동 되어 1980년 1월 21일에는 $850이었던 것이 1999년 6월 21일에 는 런던 결정가가 $252.90으로 폭락했다. 그 후 증가되는 금 수요는 2004년에는 $400까지 이르는 가격 상승의 원인이 되었다.

금의 독특한 가치로 인한 준비자산으로써의 저장성 성격 때문에, 금의 소유는 제한 혹은 금지되기도 했다. 예컨대 미국에서 1933년에 서 1975년 사이에 보석 혹은 동전수집 이외는 금의 민간소유는 금지 된 것이 그 예이다. 루즈벨트 대통령은 금을 압수하기도 했고, 닉슨 대통령 때는 정해진 가격에 외국이 달러와 금을 교환할 수 있는 창구 를 폐쇄시키기도 했다.

한편 유형투자(tangible investment)로서의 금은 포트폴리오의 일부로서 보유된다. 그것은 오랜 기간에 걸쳐 금은 그 가치를 유지하는 광대한 역사를 갖고 있기 때문이다. 금은 법정불환지폐(fiat money) 가 무용지물이 될 때에도 그 가치를 잃지 않기 때문에 불환지폐가 지극히 신뢰가 낮고 초 인플레이션 때에 특히 매력 있는 자산이다.

금을 대상으로 한 선물계약(futures contracts)은 뉴욕상업거래소 의 한 기관인 뉴욕상품거래소(New York Commodities Exchang e : COMEX)에서 다른 상품들과 더불어 거래되고 있다.

화학적 불활성 때문에 금은 자연금속 상태로 발견되는 것이 보통이지 만, 가끔은 금덩어리 상태로 발견되기도 한다. 그러나 대개는 광물, 석 영암맥, 석판, 변성암(metamorphic rocks), 사금의 매장지에서 소량 으로 존재한다. 지구상에 광범위하게 분포된 금은 광물질의 석영, 황철 광과 결합되고 텔루르(tellurium)와 화합되어 펫자이트(petzite ; Ag3 AuTe2), 클래버라이트(claaverite or gold telluride ; AuTe2), 실바나이트(sylvanite or silver gold telluride ; AgAuTe4)에 존 재한다. 금은 사광채광(placer mining)의 기술에 의해서 강바닥에 쌓 인 충적층(alluvium)에서 추출되기도 한다.

1980년대 이래 남아프리카는 세계 금 공급의 약 3분의 2의 원천 이 되고 있으며, 요한네스버그 시(市)는 세계 최대의 금 발견자를 받 아들여 건설되었다. 남아프리카공화국의 중부의 한 주인 오렌지 자유 주(Orange Free State)와 남아프리카 9개 지역 가운데 하나였던 트란스밸(Transvaal ; 지금은 이 명칭은 없어졌다)의 채광지(gold fields)는 세계 최고 깊이의 광산이었다.

1899~1901년의 영국과 백인 보어간의 보어전쟁(Boer War)은 적어도 일부분은 광산과 광산업자의 권리에 관한 것이었고, 남아프리 카에 있어서의 전쟁은 황금이라는 부의 점유로 인한 것이었다. 미국 에서는 국내사용의 3분의 2를 남다코다와 네바다 주에서 공급한다.

금은 시온화물(특히 청산가리), 아말감(amalgam)과, 용해제련

(smelting)을 통해서 얻어지게 되지만, 금속의 제련은 종종 전기분해가 수반된다. 이러한 금속은 해수에서도 톤당 0.1 내지 2mg정도 존재하는 것으로 알려 있지만 2005년 현재로서는 해수로부터 금을 찾아내는 것은 경제성이 없는 것으로 알려져 있다. 금은 산업과 예술 등에 중요하며 장기적 가치 저장 수단으로서도 독특한 지위를 갖고 있다. 현재 제련된 금의 세계 총량은 한 면이 20m(66피트)인 하나의 정육면체를 만들 수 있는 것으로 추정되고 있다.

금은 귀금속이지만 많은 합성물을 만들어낸다. 금 염화물(auric chloride : AuCl3)과 염소산(chlorauric acid : HAuCl4)이 가장 일반적인 금의 합성물이다. 금은 왕수(aqua regia)에 용해되어 염소산이온이 되며, 금 할로겐화합물, 금 챌코지나이드(gold chalcogenides), 금 클러스터합성물(gold cluster compounds)을 만들어낸다. 인간의 몸이 금을 잘 흡수하지 못하므로 금의 합성물은 그렇게 유독한 것은 아니지만, 금이 포함된 의약품에 치료된 관절염환자의 50%가 간(liver)과 신장(kidney)이 손상되었다고 알려지고 있다.

- 금의 역사 -

금의 역사는 아득한 고대로부터 시작된다. 따라서 특정 지방 고유의 금을 언제 어디서 누가 접하게 되었는지에 대해서 정확한 고고학적 증명을 한다는 것은 쉽지 않은 일이다. 화석연구 전문가들은 BC 40000년경 구석기 시대의 사람들에 의해 사용된 천연 금조각을 스페인의 동굴에서 발견한 적이 있기 때문에, 언제 처음 사용한 것이냐

하는 것은 아득한 옛날의 일로서 일치된 견해를 얻기가 어렵다. 대략 BC 6000년경에 금의 발견에 대한 기록이 있었다고 하는가 하면, 대략 BC 3000년경에 고대 이집트에서 이집트왕 파라오(pharaohs) 와 신전의 성직자들이 치장을 위해서 성스러운 금속으로서 금을 사용했다고도 한다.

고대 이집트인들이 금을 금박으로 펴는 기술과 강도와 색깔에 변화를 주기 위해 다른 금속과의 합금기술을 사용했다는 점에서, 금을 제대로 다루기 시작한 것은 BC 3000년경 고대 이집트인들이 사용한 금장식품에서 시작된다고 봐야 할 것이다. 그러나 당시 이집트에서 교환의 매개수단은 금이 아니라 대맥(barley)이었기 때문에 화폐로써의 금의 사용은 BC 700년경 리디아(Lydia)왕국 국민들로부터 시작된다. 이렇게 BC 3000년경부터 시작되는 금의 역사가 지금까지 수많은 사건들과 영욕을 함께 해온 과정은 〈표1〉에서 알 수 있는 바와 같이 인류역사에 커다란 족적을 남겼다.

금이 언제 어디서 무슨 용도로 사용되었느냐 하는 것이 결국 금의 중요한 역사이지만 금이 어디서 얼마만큼 채광되었느냐 하는 것도 중요한 내용이기 때문에 금 생산의 역사를 고대로부터 19세기 중엽까지의 대략적인 연간 추정치로 요약해 보았다(〈표2〉). 1840년은 미국과 오스트레일리아에서 금이 대량으로 발견된 역사적 분기점이 된다.

〈표1〉 금 역사의 전개

B.C.	금과 관련된 사건들
3000	고대 이집트인들은 금박으로 펴는 기술에 뛰어났고 강도와 색깔의 변화를 위해 합금을 창안하다. 밀랍제거 기술을 사용하여 금을 주조하였고 오늘날 보석 산업에서 여전히 사용한다. 남부 이라크의 수메르(Sumer)문명에서 여러 가지의 세련된 스타일의 보석에 금을 사용하다.
2500	금보석이 첫 번째 이집트 왕국의 드제르(Djer) 왕의 아비도스(Abydos)무덤에 함께 매장되다.
1500	금이 국제교역의 인정된 표준적 매개수단이 됨으로써 광대한 금보유지역인 누비아(Nubia)가 이집트를 부국으로 만들다. 세켈(Shekel)이라는 경화가 중동전역의 표준측정단위로 사용되다. 이 경화의 원래 무게는 금 11.3g이었다.
1352	어린 이집트의 왕 투탕카멘(Tutankhamen)이 금으로 덮인 채 피라미드무덤에 매장되어, 그 유해가 엄청난 금으로 된 유인원 같은 금관 안에 안치되다.
1350	바빌로니아인들이 금의 순도를 검사하기 위해 연소시금(fire assay)을 사용하기 시작하다.
1091	중국에서 금으로 된 방형조각이 화폐의 형태로 합법화되다.
560	순금으로 만든 첫 번째 경화가 소아시아의 왕국 리디아에서 주조되다.
58	시저가 로마의 채무를 상환할 만큼의 충분한 금을 갈리아(Gaul=France)에서 확보하다.
50	로마가 오리어스(Aureus)라는 금화를 발행하다.

A.D.	금과 관련된 사건들
600~699	비잔틴제국이 저개발지역인 중앙유럽과 프랑스에서 금 채광을 다시 시작하다. 당대의 기술공이 복잡한 금 가공품과 조각상을 생산하다
1100	베니스가 동방과의 교역로에 연결된 이점으로 세계의 주요 금 지금시장의 지위를 확보하다.
1284	베니스가 더컷(Ducat)금화를 도입했으며 곧 세계의 가장 인기 있는 경화가 되어 5세기 이상 남아 있었다. 대영제국이 첫 금화인 플로린(Florin)을 발행하고 이어서 노블(Noble), 에인절(Angel), 크라운(Crown), 기니아(Guinea)를 발행하다.
1511	스페인의 페르디난드(Ferdinand)왕이 금을 확보하기 위해 탐험가를 서반구로 보내다.
1717	런던 주조소의 소장인 뉴톤이 그 후 200년간 계속된 금의 가격을 정하다.
1787	미국의 첫 금화가 금 장인인 브레이셔(Ephraim Brasher)에 의해 주조되다.
1792	미국의 화폐주조법(Coinage Act)이 미국에 금은복본위제(bimetallic silver / gold standard)를 정하고, 미국 1달러를 순금 24.75그레인(1grain=.0648g)과 순은 371.25그레인으로 정하다.
1803	북캐롤라이나가 미국의 첫 골드러시의 대상이 되다. 이 주에서 미국 필라델피아주조소에서 필요로 하는 국내금화용 금의 전부를 공급하다.
1848	마샬(James Marshall)이 새크러멘토(Sacramento)강 분기점 근처의 존 서터의 제재소(John Sutter's sawmill)의 도랑에서 금 알갱이를 발견한 후 캘리포니아 골드러시 시작되다.
1850	캘리포니아에서 돌아온 하그레이브스(Edward Hammony Hargraves)가 일주일 이내에 오스트레일리아에서 금을 발견할 것이라 발표하고 뉴 사우스 웨일즈(New South Wales)에서 일주일 내에 금을 발견하다.

A.D.	금과 관련된 사건들
1859	컴스터광맥(Comstock Lode)이 네바다(Nevada)에서 발견되다
1886	집을 짓기 위해 돌을 파내다 해리슨(Gearage Harrison)이 남아프리가에서 금을 발견하다.
1887	그라스고우의 의사 로버트 포리스트와 윌리엄 포리스트(Robert and William Forrest), 화학자 맥커스(John S. Macarthur)가 청산가리(cyanide)를 사용하여 광석에서 금을 추출하는 과정을 특허 받다.
1896	캐나다 북부 클론다이크 강(Klondiker River)에서 낚시하던 두 사람의 탐광자가 금을 발견하다. 알라스카의 유콘(Yukon)에서 대량금발견의 풍문이 1898년 알라스카 골드러시를 야기하다.
1900	미국이 금본위제를 채택하다.
1903	엔젤하드 회사(Engelhard Corporation)가 표면에 금을 입히는 유기매체(organic medium)를 도입하여 장식에 처음 사용했고 그 후 미세회로 인쇄기술의 기초가 되다.
1922	B.C. 1352년의 투탕카멘의 무덤이 개방되어 2,448파운드의 금으로 된 관과 금 가면을 비롯한 수백 가지 금 및 금박부장품이 나오다.
1927	프랑스에서 류마티스 관절염(rheumatoid arthritis)의 치료에 금이 유익함을 입증하다
1933	루즈벨트(Franklin D. Roosevelt) 대통령이 금 수출을 금지시키고 달러와 금태환을 정시시키다. 미국 시민에게 보유 금을 정부에 인도할 것을 명하다. 그리고 매일의 금 가격을 정하다.
1934	루즈벨트가 온스당 35달러로 정하였다.
1944	미국 뉴햄프셔 주의 브레튼우즈(Bretton Woods)에서 개최된 브레튼우즈 협정이 국제금환본위제도(gold exchange standard)를 정하고 국제통화제도(IMF)와 세계은행(World Bank)을 만들다. 이 제도는 금의 단위로 통화가치의 평가(par value)를 정하고 이 평가에 따라 보유외화를 태환하기로 의무를 부담시킨 것이다.

A.D.	금과 관련된 사건들
1947	전자부문의 기초가 된 트랜지스터가 처음으로 AT&T에서 조립되다. 이 고안품은 게르마늄표면에 압착시킨 금 접촉제를 사용한 것이다.
1960	적외선 반사를 극대화하기 위해 금 코팅거울을 사용한 레이저가 발명되다.
1961	근대채광법이 미국 네바다 칼린 트렌드(Carlin Trend)에서 시작되어 미국이 최대 금채광주가 되다.
1968	인텔이 금 회로에 의해 연결된 1,024개 트랜지스터로 된 마이크로 칩 도입하다. 3월15일 트로이 온스당 $35고정가격을 포기하고 변동가격을 허용하다.
1969	금 코팅의 복면이 달에서 태양광선으로부터 우주인의 눈을 보호하는 장치로 아폴로II의 우주선에 사용되다.
1970	빛에 의해 발생된 전자를 모으기 위해 금을 사용한 양극 축전장치가 발견되어 비디오카메라를 포함한 민간 및 조사용으로 사용되다.
1971	극소 금 알갱이를 사용하여 질병치료를 위해 특수단백질을 추적하여 표시하는 방법이 사용되다.
1973	달러가 금본위제로부터 이탈되어 금 가격이 자유화되다.
1974	미국정부가 개인 금 소유 금지를 종식시키다.
1986	금으로 코팅된 CD가 도입되다.
1987	신뢰도를 높이기 위해 금 접촉제를 사용한 에어백이 도입되다.
1998	대한민국에서 외환위기로 인해서 금 모으기 운동 전개하여 경제위기를 극복하기 위한 노력을 하다.
1999	준비자산 15%가 금으로 보유된 유럽중앙은행(ECB)이 지원하는 Euro통화 도입되다.

자료 : The Gold Institute. History of Gold. 2005.

〈표2〉 세계 금 생산 역사

1840년 이전의 세계 금 생산 역사

시 기	연간평균생산* (단위 : 백만온스)	채광장소
수메르문명 BC3000	.03 Moz.	소아시아, 아프리카
이집트 BC2000	.10 - .13 Moz.	아프리카, 사우디아라비아, 소아시아, 중국
로마제국	.19 - .29 Moz.	아프리카, 소아시아, 스페인, 포르투갈
500~1100	.06 - .10 Moz.	아프리카, 독일, 오스트리아, 중국
1100~1500	.10 - .16 Moz.	아프리카(주로 황금해안), 중국
1500~1600	.16 - .32 Moz.	아프리카(황금해안), 중국, 남아메리카**
1600~1700	.32 - .39 Moz.	아프리카(황금해안), 중국, 남아메리카
1700~1800	.48 - .80 Moz.	아프리카(황금해안), 브라질과 기타 남아메리카제국, 러시아
1800~1840	.80 - 1.61 Moz.	아프리카(황금해안), 브라질과 기타 남아메리카제국, 러시아

* 생산량은 대략적인 연간 추정치이고 1840년 이전의 생산은 총 6백만
온스로 추정됨.
** 남아메리카의 생산은 훨씬 이전부터 시작된 것으로, 스페인에 의한 약
탈 이전에는 그곳에 보유되고 있었다.
자료 : TIMOTHY GREEN, THE GOLD COMPANION, (LONDO
N : ROSENDALE PRESS) 1991.

1840년 이후의 세계 금 생산 (단위 : 백만 트로이온스)

	1840 ~ 1850	1851 ~ 1875	1876 ~ 1900	1901 ~ 1925	1926 ~ 1950	1951 ~ 1975	1976 ~ 2000
오스트레일리아	0.0	51.7	39.7	54.5	22.9	22.4	122.1
캐나다	0.0	2.2	4.8	21.2	85.1	87.8	93.7
남아프리카	0.0	0.0	20.7	178.4	292.3	582.0	488.9
러시아, 전 USSR	7.5	22.6	29.1	24.6	73.2	134.9	137.7
미 국	5.2	58.4	51.0	93.9	66.8	40.4	155.7
기타제국	5.2	19.1	37.0	104.9	159.9	117.9	456.2
세계전체	17.9	154.0	182.3	477.5	700.2	985.4	1,454.35

자료 : GOLD FIELDS MINERAL SERVICES LTD.

신화 속의 금과
금화의 탄생

2. 신화 속의 금과 금화의 탄생

만약 금이 지구상에 지금보다 풍부하게 존재했다면, 그 독특한 물리적, 화학적 특질과 아름다움에도 불구하고 지금보다는 훨씬 가치가 없을 것이고 흥미도 적었을 것이다. 그러나 금이 모든 대륙에서 발견되고 금 매장이 어떤 형태로든 광범위하게 분포되고 있지만 쉽게 금을 산출할 수는 없다. 제련 과정의 끝에 모습을 보이는 번쩍이는 황금금속의 양에 비하면 금의 발견과 산출은 엄청난 노력의 희생을 요한다. 예컨대 남아프리카에서 연간 약 500톤의 금을 캐내기 위해서는 7천만 톤의 흙이 퍼 올려져야 하고 분쇄되어야 한다. 이 양은 쿠푸(Khufu ; El Giza의 대 피라미드를 건설한 이집트 제 4왕조)피라미드 양보다 더 많은 흙이다. 남아프리카의 광산은 최악의 조건이며, 강바닥에서 사금을 채취하여 얻는 것도 얼마 안 된다.

그러나 금을 얻기 위한 노력분과 그 산출량 사이의 엄청난 왜곡률에도 금을 찾는 사람들은 거의 인류역사와 같이했다. 금이 얼마나 소중히 여겨졌고, 절대필요 요소이고, 불가결하고 매혹적인 것인가 하는 가장 현저한 증거는 고대에서 찾을 수 있을 것이다. 비록 신화 속이기는 하지만 금에 대한 추구는 끈덕진 것이었다.

금은 비록 다른 광물과 잘 혼합되지는 않지만 화강암(granite)이
나 석영이 지각의 크랙(cracks)에 채워져 있는 산이 있는 곳이면 어
디나 흩어져 있다. 세월의 흐름에 따라 씻겨지고 풍화작용을 받아 광
상(deposits)을 날려버리는 자연의 맹위를 겪으면서도 금은 그 순수
성을 잃지 않았다. 많은 양의 금이 이런 자연의 변화로 계곡을 따라
아래로 흘러가면서, 금의 높은 밀도와 무게로 인해 물속에서 다른 광
물과 분리되었고 작은 조각으로 바람에 의해 퇴적되거나 먼지처럼 물
과 더불어 흐르게 된다.

고대에는 필요에 비해서 공급이 훨씬 풍부했던 것 같았다. 특히 이
집트와 근동(서남아시아와 아라비아반도지역)지역에 금의 흔적이 많
이 남아 있다. 주조화폐(coinage)나 퇴장(hoarding)의 목적이 아
니라 치장(adornment)이나 장식(decoration)으로 사용되었을 때
는 약간의 금만이 멀리 이동되었다. 이집트인에 의한 채광은 연간 1
톤 정도의 생산량이었다는 기록이 있다.

주조화폐의 개발이 있기까지는, 이용 가능한 금의 대부분은 군주와
성직자에 의해 소유되었고 금화가 나온 후 금은 대중의 손으로 들어
가 금의 필요를 크게 확대시켰다. 이때는 금의 사용이 의식상의 의미
였고 권력과 부와, 고귀함 그리고 신에 대한 근접성을 나타내는 매개
체였으나, 남겨진 것은 보석과 기타 치장으로 사용되었다.

모세가 시나이 산(Mt. Sinai)에서 십계명을 받아 내려 왔을 때,
그는 금송아지(golden calf)를 숭배하고 있는 유대인을 발견하고는
십계명이 새겨진 판을 세차게 후려쳤다. 당시 비록 노예상태였지만
유대인들이 휴대한 금은 많았다. 그러나 이집트에서 금을 뇌물로 써
서 이집트의 포로에서 벗어나는 수단으로 사용하지 않은 이유는 금이

아직 돈으로 인정되지 않았기에 받으려는 사람을 찾지 못했기 때문이
다. 다만 녹여서 금송아지를 만들 때까지 귀와, 팔과 목에 금으로 치
장을 했을 뿐이다.

　신이 모세에게 십계명을 내릴 때 예배당의 건설과 그것의 안팎을 순
금으로 바르고 그 위에 원을 이루는 금관(crown of gold)을 만들 것
을 구체적으로 명시한다. 이어서, 신은 가구, 비품, 아기천사와 같은 모
든 장식품을 순금으로 바를 것을 명한다. 약속의 땅에 일단 정착한 유
대인들은 많은 금을 축적시켰고, 또한 그들이 전쟁에서 패배시킨 부족
으로부터 약탈했다. 모세와 그의 군대는 미디안 사람들(Midianitès)
로부터 금, 보석, 발찌(ankle-chains), 팔찌 (bracelets), 도장반지
(signet- rings), 귀고리, 팔 장식(armlets) 등을 3백 파운드 이상
취득했다.

　솔로몬 또한 마찬가지로 개인적 소유인 금을 아낌없이 쓰면서 즐겼
다. 금은 솔로몬의 대신전 내부 벽에서 찬란히 빛났고 그 서쪽 벽이
오늘 날 통곡의 벽(Wailing Wall)이 되었으며 길이 135피트, 너비
35피트, 높이 50피트로 3개의 방으로 나뉘어 있었다. 거처는 금으로
만들어졌고 상아왕좌는 금으로 칠해졌다. 금배(golden vessels)로
포도주를 마실 만큼 많았고, 시바의 여왕(Queen of Sheba)이 솔로
몬을 방했을 때도 많은 금을 가져왔다. 그 양은 3톤이나 되는 것으로
추정되고 있고 오늘날의 가치로는 2천만 달러 정도 되는 금액이다.

　그 후 모세가 신의 계도에 따라 건설한 신전과 예배당은 사라졌고
솔로몬의 금으로 덮여진 거대 신전은 손상되었다. 그러나 AD 532년
에　비잔틴제국의 황제 유스티니아누스(Justian)는 6년 동안 만 명
이상을 투입해서 콘스탄티노플(Constantinople)의 소피아(Saint
of Sophia) 성당을 건설하는 데 12톤 이상의 금을 쏟아 부었다.

320,000파운드의 금을 상속받아서 다 써버리고는 공공사업, 용병군인에게 급료를 지급하거나, 영역침범을 하지 못하도록 적을 달래는 뇌물로 쓰기 위해서 또 백성들에게 금으로 세금을 거두어들였다. 교회의 세력을 선전하기 위해서 금을 사용하는 과정은 이탈리아, 스페인, 러시아의 초원 등에서 번쩍이는 금빛 모자이크나 장식에 반복되었다.

이집트에 있어서는 금의 사용은 왕의 특권이었기 때문에, 파라오(pharaohs) 이외의 어느 누구도 금을 갖지 못했다. 그러한 제약은 파라오가 그들의 신을 장식한 것과 똑같은 물질로 자신을 치장하여 신성한 독특성을 증명하여 신과 같은 역할을 떠맡으려는 하나의 수단이었다. 이집트에 있어서 금 보석을 만드는 일은 고도의 기술이었고 죽은 군주나 살아 있는 군주나 사치스럽게 치장되었다.

권력을 나타내기 위해 금을 사용한 인상적인 한 이야기는 세계 최초의 여제로 알려진 여성 파라오에서 찾을 수 있다. 햇셉수트(Hatshepsut)는 옛 이집트의 수도인 테베(Thebes)에 있는 왕들의 무덤계곡(Valley of the Tombs of the Kings)에 약 BC 1482년경 묻힌 첫 파라오인 투트모스 1세(Thutmose I)의 딸이었다. 햇셉수트는 이복 오빠인 투트모스 2세의 왕비가 되어 남편이 일찍 죽자 소실에서 태어난 투트모스 3세의 섭정을 했으나, BC 1470년경 왕권을 이어받아 BC 1458년경 죽을 때까지 왕좌에 있었던 여제였다. 그녀는 태양의 아들 혹은 황금 호루스(Golden Horus ; 매의 모습을 한 이집트 빛의 신) 등 대략 80개의 직함을 가지고 있었던 것으로 알려져 있다. 비록 그녀가 남자는 아니었어도 동시대 대부분의 예술에 남자로 묘사되어 턱에 수염까지 달고 있는 모습으로 표현되었다.

햇셉수트는 팔레스타인, 시리아, 크레타와의 무역을 증가시켰고, 재임기간 중 금에 대한 탐구는 끝이 없어서, 남쪽으로 짐바브웨까지 나아갔다. 금 탐닉자였던 그녀의 금에 대한 욕구는 루이 14세의 베르사유 궁전을 부끄럽게 만들 만큼 대단한 것이었다. 또한 금과 은가루를 얼굴에 바르는 것을 좋아했다. 테베의 주신인 아몬신(Ammon Re)을 위한 기념물을 세우기로 했을 때 100피트 높이의 2개의 금 기둥을 포함하고 있었다. 그러나 재무관이 경제적으로 할 것을 권유하자 대리석으로 바꾸었고 꼭대기만 금으로 덮기로 했다. 일이 끝나자 여제는 오랜 시간 후에 이 기념물을 본 사람이면, '그들이 어떻게 이 금동산(mountains of gold)을 만들 수 있었는지 모를 일이야' 라고 말하리라고 선언했다.

성서시대와 고대 이집트(서기전 4000년간)의 금의 대부분은 남부 이집트와 누비아(Nubia ; 나일 강 유역 고대왕국)의 황량하고 출입이 금지된 지역으로부터 나왔다. 이 당시에는 얕은 도랑에서 금광을 개발했으나 차차 지하 갱을 개발했다. 광산에 깊이 들어갈수록 인간의 고통은 점점 크게 된다. 고통스런 일을 하기 위해 노예가 필요했고, 광산에 건장한 노예를 공급하기 위해서는 전쟁과 군사적 승리는 중요한 것이 되었다.

사람의 노동력에 의한 채광은 20세기까지 표준적인 광산기술이었다. 다만 로마가 경제의 중추로서 역할을 했던 시대에 금으로 가득한 언덕을 가진 스페인에서 금 가공법을 고안했던 것은 예외적인 것이었다. 로마인들은 처음에는 스페인 지방에서 금을 캐기 위해, 노동력으로 650피트만큼이나 깊이 파 들어갔다. 그러나 수압(hydraulicking)이라는 새로운 방법으로 바위를 깨거나, 금이 함유된 흙에 접하기 위해

물의 강력한 분출의 힘을 사용했다. 몇 백 피트 높은 곳에 위치한 거대 물탱크로부터 내려온 물은 효율적이고 생산적인 방법이었지만 산 전체를 쓸어갔고, 농토를 파괴하고 강과 항구를 침적시켰다.

수압 방법은 다른 유럽지역에서 드물게 사용했으나 골드러시가 최고조였던 1852년 캘리포니아에서 다시 나타났다. 로마의 기술이 캘리포니아의 수도 세크라멘토에서 되살아났지만 환경적 손상이 너무나 커서 1884년에는 불법이 되고 말았다.

오늘날 남아프리카의 거대 금광에서는 갱의 깊이가 12,000피트나 내려가고 온도는 화씨 130°에 달한다. 1온스의 순금을 얻기 위해서는 38인시(man-hours), 1,400갤런의 물, 약 10일 동안의 가정에 필요한 전기, 팽팽한 압력하에 둔 282 내지 565 입방피트의 공기, 청산가리, 산, 납, 붕사, 석회 ,같은 많은 화학약품이 필요하다. 남아프리카 광산에 고용된 노동력은 40만 명이 넘고 90%가 흑인이다. 그러나 스페인의 페르디난드 왕(King Ferdinand)은 1511년에 다음과 같은 말을 남기면서 금에 대한 욕심을 채웠다. "가능한 한, 인간적 견지에서 금을 확보하라, 그러나 만난을 무릅쓰고라도 금을 확보하라(Get gold, humanly if possible, but at all hazards-get gold)."

모든 금이 광산에서 채광되는 것은 아니다. 금이 계곡을 따라 흘러내리면, 탐사자들은 금이 함유된 깨어진 조각들을 체로 쳐서 찾아낸다. 소아시아에서는 오래전에 이런 방법으로 채취했다. 여기서 금 주조화폐(gold coinage)가 처음으로 공식적으로 모습을 보였다. 그로부터 3,500년 후에도 19세기 캘리포니아의 골드러시가 세크라멘토 강둑에서 시작되었는데 금을 찾아 몰려든 사람들은 흐르는 물에서 사금을 선광냄비로 채취하기 위한 조잡한 채비만 갖고 금을 채취했다.

그들은 옛 그리스인들이 강으로부터 사금을 채취하기 위해 양털 가죽을 이용했던 방식을 그대로 따랐다. 양가죽의 단단한 곱슬 털은 물이 계곡에서 흘러내릴 때 금의 작은 조각을 채취하거나 보존하는 훌륭한 일을 해냈다. 그래서 양털과 금을 함께 언급한 신화가 탄생했는지도 모른다.

그리스 신화에서 이아손(Jason)과 금모 양(Golden Fleece)에 관한 이야기는 다음과 같다. 동 그리스의 한 지역의 보이오티아(Boetia ; 지금은 Voiotia) 왕의 아들 프릭서스(Phryxus)는 헤르메스(Hermes ; 과학 및 상업의 신)로부터 그의 아버지가 선물 받은 순금으로 된 양털을 가진 날개 달린 양의 등에 태워져 여동생과 함께 멀리 보내지게 된다. 여행은 도무지 평탄할 수가 없었다. 그래서 금모 양(Golden Fleece)의 등에 탄 두 사람 중 여동생 헬레(Helle)는 바다로 떨어졌고, 그 후 떨어진 곳이 헬레스폰트(Hellespot ; 지금의 Dardanelles 해협)가 된다.

프릭서스는 계속 타고 가서 1천 마일의 여행 후에 흑해의 먼 동쪽 콜키스(Colchis)에 도착했다. 안전하게 살아서 도착한 그는 양을 희생시켜 제우스(Zeus)에게 바치고 금모는 그곳 왕 아이티(Aeetes)에게 선물했다. 왕은 자기의 생명이 이 금모의 소유에 따라 결정된다는 신의 계시를 받았기 때문에, 신성한 숲에 있는 나무에 못질을 해서, 피에 굶주린 거대한 용을 고용해서 그것을 지키게 하여 보호했다.

한편 바다의 신인 포세이돈(Poseidon)의 아들 펠리어스(Pelias)라는 왕은 왕자에 대한 권리를 주장하고 있는 사촌 이아손을 제거하기로 하고, 일부러 이아손에게 어려운 임무를 준다. 먼저 자신은 그 일을 하기에 너무 늙었지만 이아손과 같은 젊은이가 하기에 적합한 일이라며, 첫 번째 임무를 수행하면 왕좌를 가질 수 있을 것이라고 한다. 그것은 위에 말한 황금 양모를 갖고 오는 것이었다. 이 훌륭한 노획물을 갖고 돌아오면 왕국과 왕권을 갖게 될 것이라고 속삭였다. 펠리어스 왕은 이아손이 이 노획물을 갖고 돌아올 것이라고는 꿈에도 생각지 않았고 도중에 비명횡사하거나 적어도 감시하는 용의 밥이 될 것으로 생각했다.

펠리어스 왕의 예상과는 달리, 아고(Argo)선을 타고 떠난 이아손은 오랜 동안의 무서운 모험을 거쳐 금모를 갖고 오는데 성공했다. 이 성공은 마력을 가진 아이티(Aeete)의 딸 메디아(Medea)의 도움이 없었다면 성공하지 못했을 것이다.

메디아는 에로스(Eros)의 화살에 맞아서 이아손과의 사랑에 빠지게 되었고, 그의 연모를 받기 위해 모든 계략을 다 써서 그리스로 데려간다는 제안을 이아손으로부터 받아냈다. 대신, 메디아는 금모를 취하는 데 도움을 주는 조건을 받아들여야 했다. 그를 사랑했던 만큼이나 메디아는 약속을 받아내는 것도 포기하지 않으려 했다. 그래서 그리스에서 자기를 외부인으로 취급하지 않을 것을 신에게 맹세하도록 아이손에게 요구했다. 이아손은 그리스로 돌아가면 메디아를 합법적 아내로 맞을 것을 신에게 맹세했고, 이런 맹세는 오늘날로 말하면 서면계약과 같은 것이었다. 그러한 맹세를 하고 메디아의 노래로 감시하는 용을 잠들게 하고나서야 이아손은 금모를 취득할 수 있었다.

이아손은 야심가였고, 처음부터 되돌아와 왕이 되려고 하는 꿈을 갖고 있었다. 온통 금으로 된 양가죽을 찾는데 그 자신의 생명과 동료들의 생명을 걸었다. 그는 왕의 딸을 이용해서 아이를 갖도록 했고, 결혼도 약속했다. 그러나 그리스로 돌아온 후 왕좌를 찾는 데 성공할 수 없음을 알고는 메디아와 함께 코린트(Corinth)로 도망가서는 그

곳에서 야심을 이루기 위해 크레온(Creon)왕의 딸에게 구애했다.

메디아에게는 그러한 관계가 일시적으로 왕에게 신임을 받을 때까지만이라고 설득했다. 슬픔에 잠겨 메디아는 콜키스에서의 맹세를 상기시키자, 이아손은 새로운 약혼자가 그곳에서는 사회적, 정치적 관계가 더 좋기 때문에 아이들이 더 잘될 거라고 말하면서 자기 자신을 정당화시켰다. 이때 메디아에게 이아손이 준 유일한 위안은 약간의 금뿐이었다. 그러나 메디아는 그 금으로 그에게 보복을 하기로 하고, 훌륭한 솜씨로 금으로 된 가운을 만들어, 독이 흠뻑 젖게 했다. 그것을 새신부가 될 처녀에게 선물했고, 이 처녀는 황금옷을 입고 황금화관을 머리에 장식한 채 끔찍한 죽음을 맞게 된다. 그리고 메디아는 자신의 아들을 죽임으로써 보복의 행동을 끝내고는 마법으로 불러낸 용이 끄는 전차를 타고 날아가 버린다. 이아손은 자기의 칼로써 스스로를 찔러 집 문지방에서 죽는다. 아이티의 금모 양털은 이아손에게 권력을 약속했지만, 결국에는 황금이 그 자신의 장래를 멸하게 한 원인이 되고 말았다.

– 마이더스의 소원과 금화의 탄생 –

국가적 행사에 군주가 머리에 쓴 왕관이 대단히 무거웠을 것이었음에도 가벼운 아연과 같은 물질로 대체되지 않고 금이 사용된 것은, 금의 신성한 가치 때문이었다. 수세기 동안 지배자들은 금화에 초상을 찍어서 자신의 왕국과 그밖의 다른 지역에 유통시키기를 좋아했다. 치장으로서의 금과 화폐로서의 금과의 긴장은 역사상 일찍부터 있었고 지금까지도 계속된다. 희소성과 함께 영원한 금의 광휘가 이 집트인들이 숭배했던 금송아지(golden calf), 금칠한 남근, 금 양털로부터 금화에 이르기까지 그 가치는 어쩔 수 없는 것이 되었다. 금이 갖는 구매력은 보석에서 빛나는 찬란함에 가치를 추가하게 된다.

무역과 매매가 성행할 때 일어나는 화폐적 기능과 관련된 금의 힘과 마력은 또 다른 금의 가치이다. 돈은 문화에 이바지하고 기본적 가치를 반영한다. 또한 돈의 형태로 금의 수명을 가장 잘 설명할 수 있다. 실로 금은 최고의 신용상태에서, 매매와 교환을 유지하는 사회에서, 돈으로 가장 중요한 역할을 했다.

돈으로서 적격성을 갖기 위해서는 가치 자체만으로는 불충분하다. 많은 가치 있는 것들이 돈으로서 역할을 하지 못하는 경우가 많다. 가장 효율적인 돈의 형태는 다른 데서는 별로 소용이 없는, 예컨대 종이, 컴퓨터 점점(blips)과 같은 것에서 발견된 경우가 많다. 초기 영국에서는 소와 노예가 돈으로서의 역할을 했고, 그들의 가치는 법으로 정해졌다. 후추는 중세시대에 대중적인 것이었기 때문에 돈의 역할을 했다. 어떤 지역에서는 소가 식량 제공보다 부의 축적으로서의 역할을 하기도 했다.

현대에 이르기까지 오랜 기간 동안 돈으로서 역할을 했던 것은 금 이외는 별로 없다. 예컨대 2차대전 후 독일에서는 담배가 통화로서 수령되었지만 연기로 사라져 버린다. 이와는 달리 금은 너무 부드러워서 금속에게 요구되는 대부분의 실질적 목적에는 쓸모가 없다. 현재 125,000톤 정도 존재하고 있어 너무 희소하기도 하다. 그러나 금은 다른 물질에 비해서 돈으로서 명백한 이점을 갖고 있다. 아시아에서 수세기 동안 돈으로서 역할을 했던 조개껍질과는 달리 금은 영구적이고 쉽게 분해되지 않는다. 아무리 작아도 금의 작은 조각들은 어디서

나 높은 가치로서 인정이 된다. 모든 금 조각은 무게와 순도에 의해서
만 평가되고 이러한 특성은 소나 기타 화폐에는 적용되지 않는다.

무용지물이라는 면에서 보면, 컴퓨터 스크린의 전자 점들은 현대사
회의 돈 거래의 대부분을 차지하는 편리한 돈이지만, 다른 데는 전연
활용 가치가 없다. 금이나 종이보다 가볍고 깃털보다 가볍지만 돈으
로 인식되어 쉽게 이전되고, 얼마든지 분할되고 영구 보존되고, 우리
의 관심을 좌우하기도 한다. 그러나 그러한 돈은 가치의 기준이 되지
못하는 결함이 있다. 금은 올림픽 금메달로부터, 골든디스크까지 최
고의 가치 기준이 되어 왔다.

사람들은 원시적인 사회의 통화에 대해서는 우습게 생각하면서도
현재의 통화의 세련미에 대해서는 찬사를 보내는데, 사실 원시적 통화
에는 나름대로의 진실한 의미를 갖고 있다. 캐로라인 군도(Caroline
Islands)에 있는 작은 섬 얍(Yap)의 통화제도가 1903년도 그 지역
에서 몇 개월을 보냈던 인류학자에 의해 소개된 바 있다.

당시 얍에서는 교환의 매개, 보다 적절하게 말하면 가치의 저장은
페이(fei)라는 수단이었다. 페이는 직경이 커피 받침 접시에서 12피트
맷돌 크기에 이르기까지 여러 가지 두꺼운 돌바퀴로 이루어진 것이다.
페이로 쓰인 돌은 약 400마일 떨어진 펠라우 군도(Pelau Islands)
의 하나인 바벨투아프(Babelthuap)섬에서 발견된 석회암 채석장에
서 원주민에 의해 카누와 뗏목으로 하나하나 옮겨온 것이었다.

보다 작고 휴대 가능한 페이는 교환의 매개 역할을 해서 지불을
위해 돌고 돌았다. 그러나 커다란 페이는 다른 취급을 받았다. 원주
민들이 페이를 이동시키는 데 편리하게 중앙에 구멍을 뚫었지만 큰
돌은 한 곳에 그대로 두었다. 중요한 거래가 일어나는 경우에는 단순

히 소유권 변화의 인정을 통해서 청산되고 경화(coin)는 그 위치에 그대로 있게 된다.

가장 부유한 가정에서는 아무도 볼 수 없고 지금까지 본 적도 없는 거대한 페이를 갖고 있는데, 그것은 바다 밑에 있다는 것이다. 수세대 전 한 선조가 카누에 딸린 뗏목에 돌을 실어 끌고 오는 중 끔찍한 폭풍을 만나게 되었다. 이 조상은 생명이 먼저고 돈이 두 번째라고 결정하고는 뗏목을 잘라서 거대한 돌이 파도에 휩싸여 가라앉도록 했다. 그러나 그는 생존해서 그가 잃어버린 돌의 크기와 품질을 모든 사람에게 전하게 되었다. 누구도 그의 증언을 의심치 않았다. 그 돌의 구매력은 여전히 존속되고, 그것은 소유자 집의 한편에 비스듬히 놓여 있는 것과 똑같이 가치 있는 것이었다.

1898년에 독일정부가 스페인으로부터 얍을 구입해서 바위산호길을 현대수송수단에 적합한 도로를 바꾸려 했다. 일에 착수하도록 반복된 명령에도 불구하고 얍의 주민들은 그런 유(類)의 일에는 관심이 없었다. 독일은 벌금을 부과하기로 하고 일이 완성되면 없애 주기로 했다. 독일 관리는 섬을 조사해서 가장 가치 있는 페이에 검은 십자가를 표시하여 그 돌에는 정부의 권리가 있음을 표시해 두었다. 이것은 마법처럼 작용했다. 가난하게 된 사람들은 도로에 눈을 돌려 건설하기 시작했다. 공사를 끝내자 정부는 페이의 십자가 표시를 지워 버렸고, 벌금은 종결된 것이 되었다. 오늘날로 말하면 조세부과와 정부지출로 표현할 수 있다.

얍의 페이는 부의 저장소였다. 부의 저장소는 그대로 그 자리에 있는데 돈이 이동한다. 어느 한 사람의 주머니에서 다른 사람의 주머니로 이동한다. 부의 저장은 체적(mass)으로 나타나고 돈은 부의 체적을 측정하는 척도이다. 금의 내구성, 밀도, 광휘가 인간이 그것을 돈으로 사용하기 오래전에 이미 부의 저장으로써 선택한 것은 자연스러운 일이었다. 부의 저장으로서의 역할을 했던 다른 모든 물질과 마찬가지로 고대에 있어서 금은 열망과 권력의 야단스런 표현, 적과 낮은 신분 상태의 사람들에게 부러움의 대상이거나 아니면 상대의 비위를 맞추는 수단이었다. 시바의 여왕이 솔로몬 왕에게 금을 선물한 것은 금의 이러한 성질을 이용한 예이다.

금이 일단 돈으로 배치되면 다른 것이 된다. 돈은 지불하거나 빌려주려면 인간은 냉정하게 되고 계산적이고 정확해야 되고, 전략적이 된다. 금이 돈으로 사용될 수 있기 전에 인간은 교역이 이루어지도록 생산적이 되거나, 일상적인 여행이 일어나거나 측도가 구체화되거나 해야 한다.

요컨대 매매를 구체적으로 할 때 돈이 존재하게 된다. 앞에서는 많은 매매가 이루어지지 않고, 경제생활이 상업적이 아니라 공동체적이었다. 어떤 사람을 고용하거나 갖지 않은 어떤 것을 갖는 대가로 지불을 원할 때 돈이 필요하다. 지금 당장 어떤 것이 필요할 때 원하는 것을 갖고 돈을 쓴다. 만약 내일 어떤 것이 필요하면 그것을 갖는 것을 유보시키고 돈을 갖는다. 지금 필요한 사람은 내일 뭔가 필요한 사람으로부터 빌리기도 한다. 그래서 돈은 매입자로부터 판매자에게로 이동하고, 대부자로부터 차입자에게 다시 차입자에게서 대부자에게로 이동한다. 그리고 오래도록 한 곳에 머무는 것이 아니고 이동하며 돈의 사용에는 다른 사람이 항상 개입되게 된다. 그래서 분명 돈은 돌고 돈다.

반면 금의 경우, 금이 가치 저장의 역할만 했을 때는 한 당사자로부터 다른 당사자에게 지불이 자주 일어나지는 않는다. 그 과정은 성

가시고 시간이 소요되기 때문이다. 고대에서는 같은 크기나 품위를
가진 두 개의 금괴 혹은 금반지가 없기 때문에 거래마다 순도를 검사
하고 무게를 측정해야 한다.

경화는 무게나 순도 측정의 성가신 일을 피할 수 있는 절묘한 고
안이었다. 그러나 BC 약 700년경까지는 나타나지 않았다. 비록 경
화가 측정 과정을 생략할 수 있어 바로 거래가 이루어지도록 할 수는
있었지만 명목가치가 순가치를 나타낼 수 있어야 했다. 따라서 처음
부터 순도와 무게 측정을 위해 인정된 방법이 금의 화폐이용에 필수
적이었다. 금은 이러한 목적을 위한 자신의 측정 방법이 요구되었고,
이러한 방법은 지금도 귀금속 혹은 보석에 사용되고 있다.

우리는 캐럿(carats)으로 금조각의 순도를 나타낸다. 24캐럿은 100%
순금이다. 그리스어 케라티온(keration), 이태리어 카라토(carto)로부
터 연유한 캐럿은 순도가 아니라 무게 측도였다. 캐럿은 콩과 식물인 캐롭
나무(leguminous carob tree)의 열매인데 이것 한 꼬투리(pod)가 5
분의 1그램 정도 나가는 것으로 이것이 무게 단위로 쓰인 것이었다.

오늘날의 경우는 캐럿은 순도이고 무게는 편리한 단위인 그레인
(grain : 0.0648g)으로 대체되었고 우리나라에서는 보석 금의 무게
측정은 민간에서 돈(=3.7565g, 0.1325온스)으로 거래되고 있다.
이삭에서 보리와 밀의 낟알인 그레인은 캐럿처럼 이삭의 크기에 관계
없이 표준적 무게를 갖는 특성을 가진다. 금 측정의 금형온스(troy
ounce)는 측정의 초기에 사용되었던 프랑스의 도시 이름 Troyes에
서 유래된 것으로 480그레인이고 12트로이온스가 1파운드이다. 이는
상형(avoirdupois) 16온스의 1파운드와 같다. 따라서 금형 1온스가
약간 무거워, 상형이 28.3495g인데 비해 금형은 31.1035g이다.

오늘날 세계시장에서 금 무게의 표준은 그레인이지만 가격은 금형 온스로 표현된다. 이집트인들은 일찍이 BC 4000년경에 돈으로서 금괴(gold bar)를 주조해서 각각의 금괴에 이집트 최초 왕인 파라오 메네스(Menes)의 이름을 각인해서 사용했다. 이집트에서는 금과 은의 비율을 정하기도 했는데 대부분의 역사를 통해서 은 가치는 금 가치의 5% 내지 8%에서 가치가 정해졌지만 이집트에서는 은이 금의 10% 가치가 있는 것으로 정했다. 10%의 가치는 계산상으로 편리한 점이 있었다. 이러한 금화의 탄생은 화폐제도의 시작이 되었다.

거래마다 금의 무게를 달고 순도를 검사하는 어려운 과정은 실제에 있어서 훨씬 성가신 일이었다. 이러한 고대의 문명은 지금의 사회보다는 앞서 말한 얍섬의 생활과 유사함을 지니고 있었다. 대부분의 재산이 군주에 속하고 경제활동이 농업이고, 수송이 어려워 대부분의 사회가 자급자족인 때는 장거리무역과 상업거래는 드물고 중요하지도 않았을 것이다.

돈의 필요가 증가함에 따라, 보다 효율적이고 편리하게 기능을 수행할 방안을 고무시키게 되었다. 아시리아인(Assyrians)들과 바빌로니아인(Babylonians)들은 이집트인들보다 적극적 무역업자들이어서 보다 정교하고 통일된 금괴를 발전시켰다. 그들은 약 30파운드 무게의 금괴에 사자를, 그 반 정도로 가벼운 금괴에는 오리를 각인시켜 가치를 구분하였다. 그러나 BC 600년경까지는 표면가치로 각인된 표시를 인정하기보다는 금의 무게로 측정하려 했다. 메소포타미아인들은 금화를 보다 작은 액면금액인 탤런트(Talents), 마이너스(Minas : 60분의 1 탤런트), 세켈(Shekels)로 구분했다. 이러한 화폐 명칭은 소아시아 그리스 도시국가 지중해유역 정착지에 통용되었다. 세켈은 지금도 이스라엘의 통화단위가 되고 있다.

각 거래마다 귀금속의 무게를 재는 과정은 관련 모든 당사자에게
실로 성가신 일이었으나 고대의 이 제도는 커다란 이점을 갖고 있었
고 이 이점은 일단 주조화폐가 무대에 등장하자 사라져버렸다. 화폐
가 단지 변화되는 무게의 금속 조각이었을 때는 국적을 갖지 않는다
는 것이다. 이집트의 금괴는 파라오의 이름을 갖고 있기 때문이 아니
라 무게를 근거로 해서 거래되었다. 고대에는 어디서나 수령 가능한
화폐의 하나로 기능했던 창조물인 금을 갖고 있었으나 오늘날에는 이
러한 초국적 통화(supranational currency)에 대한 꿈을 갖고 있
지만 어떻게 실행할지에 대한 아이디어는 없다.

천연 그대로의 금괴에서 훌륭한 주조화폐제도를 가져온 평범한 일
련의 사태는 소아시아의 동부(지금의 터키)에서 일어났던 극적 사건
에서 발전되었다. 명백히 부분적으로는 전설적인 이 이야기가 프리지
어(Phrygia)에서 시작된다. 이 왕국은 그 이름과 같은 수도가 팩터
러스(Pactolus)라고 부르는 조그만 산골짜기 계곡의 기슭(banks)에
자리 잡고 있었다. BC 약 750경의 첫 번째 왕 고디어스(Gordius)
는 두 마리의 소 이외는 자기 소유로 아무것도 가진 게 없는 가난뱅이
였다. 고디어스 왕은 그 왕위를 아들 마이더스(Midas) 왕에게 승계했
는데, 마이더스는 아버지처럼 가난했다. 그러나 그는 가난했지만 다른
사람에게 친절한 마음 좋은 왕이었다. 하루는 어떤 낯선 사람이 방문했고
왕은 친절하게 환대해주었다. 후에 이 사람은 바커스(Bacchus ; 술의
신)의 양아버지(foster father)임이 판명되었고 환대에 답하여 왕이 선
택하는 소원 하나를 들어주기로 한다.

마이더스의 소원은 만지는 모든 것이 금으로 바뀌는 것이었다. 이
것은 흔히 지나친 탐욕으로부터 일어나는 무서운 결과에 대한 교훈적

예가 되는 이야기이다. 나아가서 "돈이 전부가 아니다(Money isn't everything)."라는 것이다.

마이더스는 곧 그의 잘못을 발견하게 된다. 먹으려고 할 때 음식이 금으로 변하고 사랑했던 딸이 안으려고 했을 때 황금동상으로 변하자 마이더스는 이 저주스런 소원을 반대로 되돌려 줄 것을 사정한다. 바커스는 여전히 마이더스를 좋게 생각하고는 마이더스에게 팩터러스 강에 맹세하도록 하였고, 이에 의해 황금의 접촉(golden touch)을 강에 양도해버린다. 이것은 또한 왜 그 강이 프리지어인들과 이웃인 리디아인들에게 풍부한 금의 원천이 되었는가 하는 이야기가 된다. 그래서 마이더스는 팩터러스 강으로부터의 금으로 부자가 되었고, 정상적인 삶을 유지할 수도 있게 된다.

그 후, 남부 러시아로부터의 강력한 유목민족인 키메르 족(Cimmerians)으로부터 침략 당해 정복당하자, 마이더스는 약을 먹고 자살함으로써 순탄치 않은 삶을 마감했다. 그러나 300년 동안이나 고디엄(Gordium)의 신전에 복잡한 매듭으로 기둥에 매달아둔 전차(hariot)를 남기는 것은 잊어버리지 않았다. 그리고 신의 계시는 이 매듭을 푸는 자가 아시아의 왕이 될 것이라는 예상이었다. 이것이 마케도니아(Macedonia)의 젊은 알렉산더(Alexander)가 BC 334년경 멀리 이집트로부터 인도까지의 땅을 정복하는 길에 그의 검으로 잘라 버렸던 고디언 매듭(Gordian knot)이다.

사실과 꾸민 이야기의 혼합과는 달리 소아시아 지역에 관한 대부분의 신뢰할 수 있는 역사는 BC 500년경에 살았던 그리스 역사가 헤르도투스(Herdotus)부터 나온다.

헤르도투스의 역사는 BC 700년경 리디아에서 시작한다. 프리지아의 북동지역인 리디아는 에게 해 내륙에서 대략 2백 마일인 소아시아의 중심 대부분을 점령한다. 수도 사디스(Sardis)는 사금의 상당한 공급지에 위치하는 행운을 갖게 된다. 이 대부분은 마이더스의 덕분인지는 몰라도 산에서 팩토러스 강으로 흘러내리는 사금이었다. 리디아는 또한 호박금(electrum)이라 불리는 금속을 채광했다. 이것은 종종 백금(white gold)이라 불리는 것으로 3분의 2는 금이고 3분의 1은 은으로 된 합금이다.

리디아의 왕들은 혈통이 헤라클래스(Hercules)까지 거슬러 올라가고 22세대 550년간 통치했다 한다. 헤라클레스 혈통으로서는 마지막인 캔도레스(Candaules)왕이 그의 경호원인 자이지스(Gyges)에게 자랑하고 싶어서 벌거벗은 왕비의 나체를 볼 수 있는 기회를 주기로 했다. 왕비가 이를 눈치채고는 다음날 자이지스를 불러서 이 불법계획을 한 사람이 죽거나 불법으로 나체를 본 사람이 사라져야만 한다고 말했다. 왕비는 자이지스에게 왕을 죽여 합법화하여 그녀와 결혼해서 왕국을 이끌어 가든가 대신 자기에 의해서 죽임을 당하든가 선택을 하도록 했다. 선택은 자명한 것이고 이때부터 멈네데(Mermnadae) 왕조가 시작된다.

리디아인들은 왕의 살인자에게 화를 내고 있었으나 새 왕은 아폴로(Apollo)신전이 있는 델포이(Delphi)에서 신의 계시를 들어보도록 설득했다. 신은 자이지스 편을 들었지만 자이지스 왕조는 제 5세대에 멸망할 것이라고 예언했다. 초기 후계자들인 아디스(Ardys), 새디애티스(Sadyattes), 알리애티스(Alyattes)가 총 118년을 통치했고, 이중 알리애티스가 57년을 군림했다.

이들 세 왕들은 영토 확장과 외침을 막는 데 대부분의 시간을 보냈다. 대부분의 다른 제국 건설자들과는 달리 이들은 피정복지의 가

정과 성지를 파괴하는 것을 삼갔다. 또한 자치권을 누리도록 허용했
다. 이들 왕들은 단순히 화폐적 공물(monetary tribute)이나 식량
기타 물질의 공급만을 확보하려 했다.

〈표3〉 고대 리디아와 페르시아왕

Cambyses	8 years(530~22 B.C.) [including the brief reign of Smerdes]
Smerdes	.
Darius I	36 years(521~86 B.C.)
Xerxes	(486~64)
Artaxerxes I	40 years(464~24 B.C.)
Darius II	(424~05 B.C.)
Artaxerxes II Memnon	(404~58 B.C.)
Artaxerxes III Ochus	(358~38)
Arses	(338~336)
Darius III	(336-30 B.C.)

자료 : csun.edu.

자이지스의 후손이고 알리애티스의 아들 크리서서(Croesus)는 BC
568년 35세의 나이에 왕위를 이어받았다. 이 왕은 대부분의 사람들이
그만큼 가져보기를 원했던 부자였으나 또한 멸망의 계시가 있었던 제 5
대 왕조이기도 했다. 그러나 그는 그의 통치기간 동안, 선임자들이 시작
했던 정복의 대부분을 완성했다. 펠레폰네소스(Peleponnesus)반도에
있는 스파르타인들과 동맹을 체결하고 프리지어를 포함한 터키의 대부
분을 정복하기도 했다. 이 시대에 아테네의 법전을 썼던 솔론(Solon)
이 사디스를 방문했을 때 크리서스왕은 막대한 금을 자랑할 만큼 부자

이기도 했다.

앞의 이야기는 그리스 역사가 헤로도토스(Herodotus)가 쓴 이야기지만, 또한 그에 의하면 리디아인들은 금화(gold coins)와 은화(silver coins)를 주조하고 사용한 최초의 사람이고, 첫 소매상인(retail trademen)이라는 것이다. 수도 사디스는 고기와 곡식에서 보석과 악기에 이르기까지 광범위한 물건을 제공하는 조그만 가게의 집단지(cluster)인 시장이었다. 상인 혹은 판매자를 "카페로이"로 표현했는데, 이는 그리스 슬랭으로 큰 모자를 가진 사람(man with big hat)이라는 의미이고 소상인(hucker)이라는 의미도 갖고 있다.

리디아 여성들은 주조화폐를 축적시켜서, 결혼지참금을 마련하고 그들의 남편을 선택하는 자유를 갖고 있었다. 이러한 리디아인들의 화폐와 교역의 발전이라는 고안은 결코 우연이 아니다. 사디스는 사금을 갖고 흐르는 팩토러스 강 기슭에 자리 잡고 있었음과 동시에 에게 해에서 유프라테스, 보다 멀리는 아시아까지 연결되는 동서 대실크로드의 양쪽에 걸터앉은 도시였다. 따라서 교역과 상업 활동은 자연스런 발전이었고 무게와 측정에 대한 필요를 가져다주었다. 무엇보다도 상업거래의 편리를 위해 화폐의 고안은 필수적이었다. 나아가서 금세공인, 화폐교환인, 최종적으로는 은행가들에 대한 필요가 이어졌다.

또 다른 한 기묘한 고안은 현지 흑색 돌의 사용이었다. 벽옥(jasper) 비슷한 이 돌은 상거래에서 지불된 금덩이의 순도검사를 위한 도구였다. 이 돌이 시금석(touch stone)으로 알려져 있고, 금세공인은 이 돌에 금붙이를 문질러서 그 마크를 금과 은, 금과 동, 금은동의 여러 가지 비율을 함유한 24개의 세트로 된 바늘(needles)들과 비교해서 금의 순도를 판단하는 것이다. 24번째 바늘은 순금이고 마치 24캐럿이 순금을 나타내는 것과 같다. 이러한 것이 잘 기능해서 주조화폐 제도의 발전에 공헌하였다. 그러나 이러한 리디아인들 특히 크리서스의 업적은 그보다 약 150년 앞선 시대의 시작에서 얻은 발전과정이었다.

BC 7세기 초에 리디아 화폐는 콩 모양의 호박금(electrum)으로 이루어진 더미(dumps)형태였다. 이 더미는 쉽게 교환되기에는 너무 무거웠다. 규모와 무게에 있어서도 통일성이 없고 가치를 나타내는 각인(stamp)도 없었다. 멈네대의 첫째 왕 자이지스는 리디아에서 혁명적 개혁을 단행해서 금속화폐(metallic money)의 민간발행을 금지시키고, 더미로 화폐를 발행하는 국가독점권(state monopoly)을 확립했다. 화폐창출에 대한 국가공권력은 이후의 역사에 지속되었고 그것은 바로 화폐공급의 통제를 의미하게 되었다. 중세 후반 양도가능의 신용수단(negotiable credit instruments)의 창조, 화폐로써 당좌수표와 같은 상업은행의 채무의 사용증가로 화폐창조에 대한 국가의 독점권은 우회되고, 일상거래의 지불수단으로써의 금의 중요성은 희석되었다. 이후 금에 부여된 역할은 화폐제도의 조정자(governor)로 변질되어 다른 화폐발행에 제한을 하기 위해 의도된 지원(backing)이었다.

아디스(Ardys)가 BC 660년경 자이지스로부터 왕좌를 이어 받았을 때, 그도 역시 보다 효율적인 통화제도를 창조하는 데 관심이 있었다. 호박금괴(electrum ingots)에 무게와 가치를 보증하는 표시를 각인했고 민족이 다르면 다른 금괴를 제공했다. 동쪽 바빌로니아인의 지역과 서쪽 해안 이오니아인들이 서로 다른 화폐를 가지고 있었다. 조만간 더미는 크기에 통일이 되었고 50년이 안 되어 더미들은 인식 가능한 경화, 즉 둥글고, 통일화되고 명확히 각인된 주조화폐가 되었다. 자이지스 왕부터 시작된 왕조의 로고인 사자머리(lion's head)가 동전에 각인되었다. 이것은 그리스 방향의 서쪽으로 급작스럽게 파급되어 갔고, 여기서 주조화폐는 지중해 연안의 빠르게 발전하는 무역체제의 중요한 일부와 통합되었다. 리디아인들이 경화를 고안하고 사용한 최초의 사람이라면 그리스인들은 주조화폐를 예술적 형태로 만든 최초의 사람들이었다.

그리스에 있어서는 화폐를 디자인하는 데 아름다움(beauty)이 목적이었다. 일부 전문가는 어엿한 리디아 주조화폐가 BC 700년 이전에 있었다고 보고 있다. 그러나 헤로도투스는 BC 687년으로 추정한다. BC 600년경 건설된 아르테미스(Artemis)신전의 잔해들 밑에 묻힌 많은 리디아 화폐들이 에피서스(Ephesus : 소아시아의 옛 도읍지)에서 발견되었는데 첫 번째 진정한 경화는 BC 약 635년경으로 확인되었다. 이로 보면 헤로도투스의 687년과 비슷하게 되고 이러한 시대는 자이지스의 아들 아디스 통치의 말기 혹은 아디스의 아들 사디에테스 통치의 초기에 해당된다.

크리서스는 이 과정에서 최고의 역할을 한다. 신의 예언에 의한 다섯 번째의 왕으로서 군사전략가로서는 재앙을 맞게 되지만, 화폐사무와 귀금속에 채워져 있는 경제적 정치적 힘을 감지하는 데 있어서는 탁월한 능력자였다. 그는 돈과 행복은 분리될 수 없음을 납득하고 있었다.

크리서스의 아버지 알리야테스는 금화를 발행한 첫 번째가 되고 금화가 리디아를 위한 수출의 수지맞는 원천과 수입의 지불이 되게 했다. 이로 인해 리디아인들의 생활은 불필요한 것은 수출하고 유용한 것은 수입하는 이점을 향유하는 수준까지 오르게 되었다. 국가의 번영에 대한 금화가치를 깨달은 크리서스는 발행된 모든 호박금 경화를 회수하여 용해시켜서 순수 금과 은으로 된 새로운 형태의 신 경화를 주조한다. 1964년 현대인류학자들은 내화로(fire-resistant pots)를 밝혀내었는데, 이것으로 크리서스 시대의 사람들은 납과 소금의 혼합물로 금속에 열을 가하여 호박금으로부터 금과 은의 불순물을 추출해 내었다. 크리서스의 경화는 사디스시의 문장인 사자와 황소의 전면부를 한 면에 각인했고, 반대면에는 직사각형과 정사각형의 타인 혹은 압인을 넣었다.

화폐적 표시는 가치를 나타내는 돋을무늬 각인(incused)이 되었다. 크리서스는 새 경화의 명칭과 무게는 가능한 한 옛것의 명칭이나 무게와 가깝게 일치시켰다. 세계 각처에서 기본 명칭으로 스테이터 (staters)라 불리었고, 다시 이것은 세분화되었다. 경화는 크기와 무게의 일치를 위해 세심하게 주조되었고 왕국 전체에 즉각 유통되었다.

개혁과정에서 크리서스는 그 후 대부분의 역사에서 대부분의 나라에서 시행되게 될 복본위(bimetallic currency system)제도를 시작했다. 은화는 금을 사용하기에는 너무 적은 액면금액에 이용하기 위해 필요했다. 이집트인들처럼 크리서스는 편의상 금의 비율을 10대 1로 정했다. 복본위 제도는 유용한 것이었지만 시간이 지나면 두 금속의 공급변화가 상대적 가치를 불안정하게 하기 때문에 좀처럼 안정되지 못했다.

개혁이 완성되었을 때 세계 역사상 처음으로 제국 통화제도를 확립했다. 이 통화는 소아시아 전체 나아가 에게 해의 서쪽 그리스에도 유통되었다. 이 광범위하게 유통된 통화가 전 지역의 번영과 경제발전에 결정적 역할을 했다. 이것이 리디아 제국 내 동서 남부의 제국과의 교역을 촉진시켰고 사람과 아이디어의 자유로운 상호교환을 자극시켰다.

크리서스의 성과는 지금의 유로(Euro)의 확립과 같은 것이었다.

그렇게 보면 크리서스는 역사를 통하여 지금까지 반향을 불러일으킨 걸출한 고안품을 창안했던 것이다. 또한 화폐로 사용할 수 있는 금속이 구리, 조개, 구슬 등이 있었음에도 금과 은에 초점을 맞추었다. 이것이 부와 화폐의 표준으로 금을 인정하는 계기가 되고, 이 특성이 종교적 숭배와 미적 물품으로써 금이 갖는 존경심보다 더 가치 있음이 입증되게 된다.

화폐와 금에 대해서는 합리적이고 창의력이 뛰어난 크리서스지만, 리디아를 정복하여 금 산지로 유익한 지역을 차지하여 경제력을 확보하려 했던 페르시아의 사이러스(Cyrus) 왕과의 전쟁에서는 그렇게 뛰어난 전력가가 되지 못했다. 크리서스는 각각 150파운드가 되는 순 금괴와 600파운드의 순금사자와 5천 갤런을 담을 수 있는 522파운드의 황금 통을 선물로 바치면서 신에게 간청하여 대제국을 파괴할 것이라는 계시를 받아냈지만 결국 패하고 말아 리디아의 역사는 끝나게 된다.

그러나 리디아인들 특히 크리서스는, 금의 끝없는 공급원이었던 팩토러스의 기슭에 위치한 지역을 지배할 수 있는 행운을 가졌으며, 그 금을 화폐로 사용하는 기술을 고안한 것은 기억할 만한 사건임에 틀림없다. 과거 역사에 다른 나라도 화폐제도를 발전시켰지만 리디아통화만큼 체계적이고 광범위한 수령성을 가진 경우는 별로 없었다. 그리스, 페르시아, 로마, 유럽제국, 그 후 신세계 모두는 리디아의 발자취를 따랐을 뿐이다. 그러나 그 발걸음은 훨씬 무거운 발걸음이었다.

- 다리우스(Darius)의 황금욕조와
금화의 확립 -

적어도 크리서스시대까지는 치장으로서의 금과 화폐로서의 금의 긴장 관계는 팽팽히 유지되어 왔으나, 페르시아인의 리디아 정복은 치장의 수단에서 화폐로써의 중심적 역할로의 전환을 가속시켰다. 화폐 주조의 뛰어난 고안에도 불구하고 주조화폐는 그것이 화폐보다는 금으로써의 비중이 더 높았다. 크리서스는 그를 방문한 솔론에게 '얼마나 돈을 많이 가졌는가를 보라'가 아니라 '얼마나 보물을 많이 가졌나를 보라'고 했다. 신에게 바친 것은 보상(compensation)이 아니라 선물(gifts)이었다.

금이 비록 그 물질적 특성이 아니라면 화폐제도의 제왕으로써 그 지위를 달성하지 못했을 지라도 화폐로써 사용될 수 있기 때문에 금 수요는 끝이 없었고 소유의 대상이 되었다. 종교의 대상이나 인간의 몸을 치장하기 위한 금 수요는 어느 정도는 한계를 갖지만 화폐로서의 금에 대한 수요는 무한이다. 이것이 바로 인간이 금의 새로운 공급원을 찾는 데 가장 야만적인 행위를 감행하도록 했고 다른 사람에 속한 공급품을 약탈하는 행위를 서슴지 않게 했다. 어느 면에서는 금을 화폐로 전환시킨 것이 금의 민주화를 가져왔다. 주조화폐력 덕분에, 리디아 이후 금의 소유와 사용은 더 이상 왕의 특권이 아니었다. 금을 만지고 느끼고 집에 보유할 수 있고 그것으로 물건을 사고 채무 변제를 하고 귀와 코와 목, 팔, 손가락에 금으로 치장을 하는 것이 지금껏 부자에게만 가능하였으나, 보통 사람의 손으로도 가능하게 된 것은 돈으로 사용되고 나서부터였다. 권력과 부의 개념이 하나로 혼합되었다.

그리스인들은 치장으로서의 금과 화폐로서의 금을 병합한 감동적인 예를 제공한다. 전통적으로 금은 생명 없는 대상에 경건함을 주는데 그리스 조각가 피디아스는 파르테논 아테네의 거상에 비록 은보다 금이 귀한 그리스이지만 금의 망토로 옷을 입혔다. 이 망토는 스파르타와의 전쟁 때까지는 보물이었고, 전쟁이 일어나자 아테네 사람들은 여신의 황금옷을 벗겨서 군비자금을 조달하기 위해 돈으로 주조했다.

그리스 주조화폐는 주로 은이었지만, 리디아식 금화의 사용이 다른 지역에서 확산되어 갔고 최종적으로는 로마제국 전체에 기능을 했던 주조화폐제도의 모델이 되었다. 그러나 로마제국 이전에 사디스시에서 크리서스에 승리한 사이러스(Cyrus ; BC 558~529)와 후계자 다리우스(Darius ; BC 521~485)는 즉각 크리서스의 국제주조제도(international coinage system)를 채택하고 페르시아제국 전체에 운용되도록 했다. 다리우스는 크리서스와 그의 스테이터(staters)를 능가하려 했다.

현지국 로고 대신 다리우스는 자기의 초상(likeness)을 각인하고 다릭(daric)이라는 이름을 붙였다. 그리고 스스로 왕중왕(King of the kings)으로서의 그에 맞는 어떤 것을 하려했다.

다리우스의 화폐와 그의 초상은 멀리 광범위하게 파급되어 발틱, 아프리카 중앙아시아에서도 발견된 적이 있다. 광범위한 페르시아제국에 교역의 자금공급이 된 경화를 주조하는 데 금을 사용한 것에 더하여 현물이 아니라 경화로 세금을 징수한 역사상 첫 정부가 페르시아 정부였다. 정부가 세금의 지불로 인정된 화폐는 사회에 통용되는 돈의 형태에 일차적인 영향을 주게 된다. 정부가 조세의무를 이행하도록 일반 시민에게 허용된 화폐는 사회에 광범위한 수용성을 갖게 된다. 페르시아인들은 리디아의 주조화폐제도를 모방했지만 권력의 표현으로서 어떻게 금을 사용할까를 잘 알고 있었다.

예컨대 알렉산더대제는 BC 331년에 이서스(Issus)에서 다리우스에 승리하고 그의 거대한 야전텐트에 들어가서는 황금전차, 황금왕좌, 황금욕조와 정교한 장식물을 목격했다. 그것들은 단지 다리우스의 이동장치들이었을 뿐이었다.

알렉산더의 나라 마케도니아에서는 BC 360년경 이후 그의 아버지 필립 2세가 마케도니아(Macedonia)와 트리키아(Thrace)에서 금과 은의 풍부한 공급원을 개발했다(발칸반도의 북부와 불가리아에 이르는). 이어서 이것을 주조해서 현재 및 장래의 군사적 정복의 자금 조달을 위한 경화준비를 했다.

상당한 화폐적 부를 확립한 것은 마케도니아의 침체지역을 가장 세력 있는 지역으로 전환시킨 과정의 가장 빛나는 업적이었다. 오늘날로 말하면 개발도상국의 경제적 정치적 전문가의 역할을 잘 할 수 있다는 것이 된다.

필립이 BC 359년 23세의 나이에 왕좌에 올랐을 때 산악지대인 그의 왕국은 가난한 부족으로 이루어진 적은 인구의 보잘것없는 나라였고 그의 시대는 다른 나라와의 전쟁이 대부분이었다. 그의 지배가 끝날 무렵에는 마케도니아를 강대국으로 확립시켰고 그 자신을 그리스 전역에서 지배적인 인물로 만들었다.

그는 어디에서 시작해야 할지를 알고 있었다. 그것은 농업이었다. 관개, 운하건설, 배수, 홍수통제를 통해 그의 왕국을 곡창지대로 만들었다. 풍부하고 점점 증가하는 식량이 국민들에게 평화를 가져다주었고 인구의 유입을 통한 새로운 도시건설과 군대운영을 위한 인력의 확대를 가져왔다. 농업개혁은 마소의 먹이와 목초의 생성으로 군사력을 증가시키는 데도 중요한 역할을 했다. 말은 군사행동의 기동성을 가져왔고 소는 강군을 만드는 식품이 되었다. 마케도니아 주위에 대한 군사적 승리는 필수불가결인 노예의 확대를 가져왔다. 노예는 광산과 들에서 노동력을 제공하여 경제를 활발하게 했다.

필립은 후계자에 대해서도 충분히 준비했다. 아테네로부터 아리스토텔레스(Aristotle)를 고용하여 13세에서 16세까지 그의 아들 알렉산더를 가르치게 했다.

한편 필립왕은 새로운 금 공급에 힘입어, 금·은 비율을 페르시아의 비율 13.5 대 1과는 달리 편리한 10 대 1로 정했다. BC 356년 올림픽게임의 전차경주에서 그의 승리를 기념하여 최고가치의 주화 한 면에 전차로 장식했고 다른 면에는 제우스의 머리상으로 장식했다. 이 두상은 많은 사람들이 제우스였는지 필립왕 자신이었는지 의문을 가졌다. 그의 예리한 재정적 본능은 현재의 거래와 군비지출을 위해 필요한 것보다 더 많은 주화를 만들게 해서 페르시아와의 군사행동의 재정부담을 위한 준비금을 갖게 했다.

필립이 죽고 난후 왕좌에 오른 알렉산더는 그리스뿐만 아니라 소아시아, 시리아, 이집트, 메소포타미아의 주화를 쏟아내도록 했다. 알렉산더는 동쪽으로의 군사적 승리에서 많은 양의 금을 노획하고 이것도 화폐주조로 사용했다. 아버지를 따라 금을 주 통화 본위로 했고 고디언의 매듭(Gordian Knots)을 자를 만큼 행동 주의자였으나, 10대 1의 금·은 관계는 변동시키지 않았다. 이를 위해 이 단순비율을 유지하기 위해 금, 은의 공급을 조절하였다. 그의 시대에, 화폐주조에 충분할 만큼의 공급능력을 가진 금을 확보하고 있었지만 주조화폐에 대한 수요 역시 높았다.

알렉산더는 그의 주조화폐가 어디에서 제공되든 그의 시민과 군사들이 그의 주조화폐를 수령하기를 원했다. 그의 명령 하에 있는 군인들은 주로 보수를 목적으로 하는 용병이었기 때문에 약탈을 방지시키기 위해서는 충분히 보수를 주어야 했고, 군인들의 결혼선물로 돈을 주기도 했고 집으로 돌아갈 때 별도의 보너스를 주기도 했다.

정복자가 아니라 그 스스로를 그리스 문명의 사자(bearer)로 여긴 알렉산더는 과학자, 엔지니어, 탐험가를 항상 전쟁에 대동했다. 이들에게도 돈은 필요했다. 이집트와 인도에 이르는 새로운 피정복지에서의 지배를 위해서도 돈은 필요했다. 대제국의 번영과 생활수준 향상을 위해서는 교역이 필요함을 잘 인식했던 알렉산더는 교역을 위한 공통의 통화가 필요했다. 필립과 알렉산더는 금화의 선전과 공적 관계를 잘 알고 있었다. 다시 말해서 공통적인 수용성의 이점을 잘 알고 있었다.

필립의 필리페이오이(philippeioi)는 제우스의 두상이 각인되어 있으나 알렉산더는 단계를 낮추어 헤라클레스(Hercules)를 각인하여 신체적 강인함을 상징시켰다. 필립의 제우스처럼 헤라클레스의 초상은 제우스의 이미지를 범하지 않으면서 알렉산더 자신의 이미지를 연결한 절묘한 조화였다. 그리고 그 명칭은 그대로 두었는데 후계자들이 디자인은 그대로 둔 채 이름을 알렉산더(alexanders)로 바꾸었다.

알렉산더의 주조제도는 150년간에 걸쳐, 동쪽 인도와 그리스 전 지역과 서부 이집트까지, BC 197년 로마총사령관 퀸티우스 플래미니우스(Quinctius Flaminius)가 시노코팔래(Cynocophalae)전투에서 필립 5세를 패배시키고 마케도니아의 패권에 종지부를 찍을 때까지 사용되었다.

통화의 교훈을 잘 알고 있었던 플래미니우스는 승리를 기념할 첫 번째 조치로 필립의 납세의무의 일부를 그의 초상이 각인된 새로운 주화로 전환시킨 것이었다. 이것은 그 후 로마 주화에서 살아있는 사람의 초상이 처음 등장한 것으로 기록된다.

로마인들은 오랫동안 금속화폐를 사용했는데, BC 4세기 기간 동안 그들은 주피터(Jupiter)신관에 보물을 보관하는 관습이 있었다. 이러한 선택은 안전상의 목적 때문이었지만, 이것은 속세의 부와 신성한 종교의 흥미 있는 혼합이었다. BC 390년에 신관의 주위에 살았던 거위가 갈리아(Gauls)에 의한 갑작스런 로마 침공을 경고해 주었는데 로마인들은 절박한 위험의 경고에 감사해 경고의 여신 모네타(Moneta)를 위해 새로운 신관을 지었다. 이 모네타에서 'money(돈)'과 'mint(주조소 : 조폐국)'가 유래하게 된다.

로마인들은 라이브러(libra)라는 단위를 사용했는데 이것이 지금의 영국 파운드화의 '£'의 유래가 된다. 또한 디나리우스(denarius)는 페니(penny)의 'd'의 유래가 된다. 솔리더스(soliuds)는 'complete(완전)'이라는 의미로 주화가 순금과 순은이라는 의미를 갖고 있다는 것으로 1파운드 은의 12분의 1의 가치를 갖고 있었다. 솔리더스는 12디나리우스와 동등했는데 노르만시대부터 1980년대까지 사용된 1파운드는 20실링이고 1실링은 12페니로 된 제도는 여기서 연유된 것이다. 물론 이후에 다른 곳에서는 오랜 기간 동안 사용된 십진법을 채택했다.

로마인들이 BC 390년에 모네타라는 용어를 쓰기 시작했을지라도 당시 금의 저장량은 적었다. 그 양은, 그리스의 조각가 피디아스가 당시보다 50년 전에 파르테논의 아테네 여신(Athene : 지혜, 예술, 전술의 여신)의 상에 쓴 금의 반도 안 되었고, 크리서스가 150년 전 델

파이에서 신에게 인도한 금의 7분의 1밖에 안 되는 양이었다. 로마는 영토 확장으로 추가적인 금 공급원을 확보했고, 포에니전쟁(Poeni War : BC 264~146 카르타고와의 전쟁)에서 카르타고(Carthage)에 승리하여 스페인 산악지대의 금 매장지에 대한 통제권을 가지지만 다만 매장일 뿐 지불 능력을 가진 금은 아니었다.

로마는 BC 150년경 이후에 제국이 가속적으로 확대됨에 따라서 금의 필요가 급격히 증가되었다. 실로 로마인들은 역사상 이전의 어느 때보다도 훨씬 더 주조화폐를 많이 사용했다. 제국 전역의 수천의 군사가 급료를 받아야 했고 일부 로마 장군들은 그들 군대에 배분하기 위해서 자신의 금화를 주조했다. 빵과 원형경기장도 공짜로 나오는 것이 아니었다. 제왕이 권력을 계속 가지려고 하면 국내의 평온을 유지하는 것이 무엇보다 중요했다. 종종 알리멘타(alimenta)라고 하는 빵 배급은 외국에서 수입된 것이었는데 이는 주조화폐로 지급되었다. 대체에 대한 수요도 증가되었다. 단순히 소멸되거나, 닳아 해지거나 난파되거나 약탈에 의해 소멸되어갔다. 또 상당량의 금이 인도로부터의 향료와 중국에서 생산된 비단(silks)과 교환으로 동방으로 이전되어갔다. 인도에 도착된 금속은 교역의 대가이기 때문에 되돌아오지 않았다. 동시에 최고 품질의 광석은 고갈되어갔고 채광 활동은 점점 힘들어 갔다. 시저(Caesar)가 갈리아를 정복한 후 로마인들은 로마의 광산에서 일을 시키기 위해 그 지역으로부터 십만의 노예를 수입했고 갈리아 내에서도 광산에서 광부로 짧은 삶을 마쳤다.

부유한 로마인들은 그들의 몸과 그들의 여자와 가정을 금으로 치장하여 과시하면서, 부를 금화 축적으로 측정했다. 로마공화국과 이어진 제국에서는 금화가 정치적 권력에 이르는 길에 하나의 촉진제가 되었다. 다른 군주국에서와는 달리 그 아버지가 누군가에 의해서가 아니라 얼마나 많은 금을 가졌는가가 국사에 있어서 발언권을 정의했다.

시저가 스페인 재무관(quaestor)에서 돌아왔을 때 많은 스페인 금을 확보했고 그것이 지도자로서 그를 주목하게 된 계기가 되었다. 그 것으로 불충분해서 그는 대단한 재력가인 크라수스(Crassus)와 군사 령관인 폼페이우스(Pompey)와 연합했다. 크라수스는 선물로 돈을 지불한 경우에만 불을 꺼주었던 소방대(give brigade)를 조직하여 재산을 모았다. 돈을 지불하지 않아 건축물이 불로 파괴되는 경우 타 버린 건물을 부의 일부로써 구입해버렸다. 이런 방법으로 수많은 집을 사들여, 복원시켜서 터무니없는 세를 받고 세를 놓았다. 이자를 받고 돈을 대여했고 은광, 농업용 부동산, 수많은 노예를 취득했다.

크라수스는 그가 부자 이상임을 과시하고 싶어 했고 폼페이우스나 시저처럼 그는 전쟁에서 성공적으로 군대에 명령을 내렸다. 따라서 메 소포타미아에서 파르티아인들과 전쟁을 유발하여 그의 휘하 44,000명 의 군대로써 군사행동을 일으켰다. BC 53년에 카르해(Carrhae)의 전투에서 파르티아인들로부터 1만의 말 탄 궁수와 천 명의 낙타로 공 격받자 크라수스는 항복협상을 시도했으나 실패했고 적들은 잔인하게 덮쳐 왔다. 그리고는 금화에 미쳐버린 로마인들을 대표하는 크라수스 에게 용해된 금용액을(molter gold) 목에 부어서 그의 일생을 마감 시켰다.

대체로 이때까지는 금의 공급은 주어진 것으로 여겨졌고, 새로운 공급의 개발이 확대되는 금 수요를 어느 정도 충족시켰다. 노예에서 탈출한 유대인, 이집트인, 리디아인, 페르시아인, 필립과 알렉산더 그 들 모두는 그들의 기호가 무엇이든 그것을 충족시킬 충분한 금을 갖 고 있었다. 그러나 지중해에서 흑해까지, 스코틀랜드의 국경에서 이집트 최남단에 이르는 대제국의 로마인들은, 주조용 금이 연간 5톤 이상 채광·생산됨에도 불구하고 수요에 미치지 못함을 발견하게 된다. 정부의 재정지출뿐만 아니라 제왕들은 자신을 위해 호화롭게 돈을 지출했지만 자연은 금과 은의 공급에 제한을 가했다. 돈을 위해 금속을 사용하는 사회는 항상 공급에 의해 제한을 받는다. 리디아와 같은 나라는 행운에 의해 부유한 나라가 되었지만 다른 나라들은 항상 금을 갈구하는 상태였다.

한나라의 금속공급이 화폐주조의 필요에 충분하지 못할 때에는 세 가지 돌파구가 있다. 첫째 부족상태로 유지하는 것이다. 그러면 화폐 부족으로 현재가격에서 재화수요는 판매를 위해 공급된 재화공급에 못 미친다. 따라서 가격수준에 하향압력이 지속적으로 이어진다. 고통스런 과정은 채무불이행과 끔직한 정치, 사회적 결과로 이어진다. 1930년대의 대공항(Great Depression)이 생생한 예이다. 두 번째의 방법은 금의 유입이다. 그것이 약탈이든 교역에 의해서든 금의 유입은 모험과 복잡한 경제정책의 동기가 되고 항상 유쾌한 결과가 되는 것은 아니다. 세 번째는 장기에는 성공적이라고는 할 수 없을 것 같지만, 가장 간단한 방법이라고 할 수 있는 동일한 금속으로 더 많은 주조화폐를 공급하는 것이다. 이것은 통화를 품위저하(debasement)시키는 것이다. 이것은 통화 주조 시에 액면 가치는 그대로 두고 금속기준량을 감속시키거나 기준금속을 기타 다른 귀금속과 혼합시키는 것이다. 이것이 계속되면 품위저하가 무책임한 것으로 여겨지고 적어도 경솔하게 이루어진다. 무에서 새로운 화폐를 창조하려는 노력이 정부에서 교묘하게 이루어진다.

품위저하는 오랜 역사를 가진다. BC 405~367년 시라쿠스(Syracuse)

의 왕 디오디시우스(Dionysius)는 시민으로부터 많은 채무를 지고 있었다. 채무를 갚기가 어렵자 그는 사형을 담보로 모든 주화를 가져오게 해서 1드라크마(one-drachma)를 2드라크마로 변조해서 그의 채무를 쉽게 변제하도록 했다.

그 후 로마의 제왕들이 품위저하를 항시 할 수 있는 것으로 만들어버렸다. 로마는 제국확장을 통하여 금의 공급을 확보했고 어떤 경우는 새로운 금을 확보하기 위해 제국을 확대하기도 했지만 재정적으로 필요한 금과 사치용 금의 수요에 충당시키지는 못했다. 무엇보다 로마는 정부지출의 충당을 위해 액면 금액은 불변인체, 크기와 양을 줄여서 주조화폐의 숫자를 늘려갔다. 품위저하는 사람들이 새로운 화폐로 나쁜 일이 전혀 발생하지 않는다고 생각한다면 잘 이행되어지지만 항상 모든 사람을 속일 수는 없다. 많은 경우에 화폐범죄는 구 주화를 용해시켜 신 주화로 변조하여, 용해된 것보다는 더 많은 주화를 갖도록 하였다. 이러한 과정에서 귀금속 증가로 이익을 얻는 측은 국가였다. 당시 조세제도의 원시적 성격의 면에서 화폐변조 과정은 정부 수입의 중요한 원천이었다.

화폐 품위저하의 길을 튼 첫 번째 황제는 네로(Nero)였다. 그는 온갖 사치에도 불구하고 화폐변조에는 겁쟁이였지만 그의 후계자들에 의한 개인의 기호품과 광범위한 제국에 군대와 관료의 유지를 위한 과대 지출로 인해 정부재정이 한계에 다다르게 된다. 지폐와 은행 여신이 고안되지 못했던 때라 늘어나는 수요를 만족시키는 충분한 구매력의 확보를 가능하게 하는 유일한 방법은 화폐 품위저하뿐이었다. AD 260년에 갈리누스(Gallienus)가 황제가 되었을 때는 아우구스투스(Augustus)가 초대황제였을 때에 비해 은화가 60%나 적은 금속을 사용했다.

그의 지배하에서 은화는 은의 양이 겨우 4%밖에 안 되었다. 결과
는 무서운 물가 인플레이션이었다. 로마시대에 아우구스투스로부터 갈
리누스 때까지 250년 동안 연간 0.4%의 물가상승이 있었으나 갈리누
스가 주조에 조작을 한 후 34년, 디오클리티안(Diocletian)이 황제가
되었을 때는 물가는 연간 9%이상 상승했다. 로마의 화폐는 금융적 파
멸(financial wreck)뿐만 아니라 물질적 파멸(physical wreck)상
태였다. 동전(copper coins)은 아주 얇고 볼품없어 각인은 단 한 면
에서만 가능하게 되었다. 금화의 경우 조금 나았다. 금화는 금의 질량
과 크기는 줄였지만 금과 합금과의 혼합은 거부했다.

디오클리티안이 AD 284년에 황제가 된 후 통화개혁과 인플레이
션을 통제하려는 노력으로 거의 20년을 보냈다. 이러한 일과 더불어
황제의 자리에 녹초가 된 그는 AD 305년 스스로 황제자리에서 물러
났다.

디오클리티안의 후계자는 콘스탄틴(Constantine)이었다. 금화 솔
리더스(gold solidus)라고 불려진 새로운 금화(gold coin)를 발행하
여 비잔틴 통화의 수령성(acceptability)과 지위(respectability)를
개선시키기 시작했다.

나중에 베전트(bezant)로 불려진 솔리더스는 발행초기에 4.55g
으로 당시의 어느 금화보다 무거웠고, 순도는 98%였다. 그래서 로마
가 멸망하고도 약 700년 동안 이 통화는 무게와 순도가 변하지 않고
발행되어 역사상 가장 오랫동안 사용된 통화가 되었다.

콘스탄틴의 경우 주조용 금의 공급은 문제가 안 되었다. 동방으로의
정복은 막대한 공물의 유입이 있었고, 금과 은만으로 지불되는 새로운
조세를 부과하기도 했다. 그러나 가장 풍부한 금의 공급은 313년에
국교로 정한 기독교로의 전향의 결과였다. '번쩍이는 이 십자가로 나는

정복할 것이다(In hoc signo vinces ; In this sign, I shall
conquer).'라는 말로써 수백 년간 축적된 제국 전체의 금과 기타 장
식물을 다른 종교의 건물들로부터 벗겨내었다. 이중 일부의 금은 언제
나 쓰고 있었던 그의 금관에서 번쩍였다. 콘스탄틴으로부터 약 1200
년 후 영국 헨리 8세는 이교도의 믿음을 억누른다는 이름으로 구교의
교회와 수도원을 약탈하여 재정적 어려움의 일부를 해결한다. 또한 콘
스탄틴처럼 그도 금관과 금목걸이 그리고 금 바느질로 치장했다.

금의 역사는 다시 한 번 순환하게 된다. 치장으로서의 금과 화폐로
서의 금은 다시 한 번 통합된 셈이다. 그러나 크리서스시대의 모호한
양자관계가 아닌 화폐 금이 치장금과 금 자체에 비해 확실한 승자로
부상했다. 이 시점 이후부터 금의 소유는 특권이나 한 사회의 서열의
문제가 아니었다. 그것이 교역의 결과 얻은 것이든, 약탈이든, 강과
산에서 발견된 것이든 공급처에 불문하고 돈을 의미하게 된다. 권력
은 변천하고 화폐제도도 성쇠를 거듭하고 새로운 금의 공급처가 발견
되지만, 금에 대한 집착은 시대와 무관했다. 한 나라가 힘의 원천에
있어서 금을 대신 할 수 있는 것은 없었기 때문이다.

AD 200년 경 로마제국의 수도는 그 통제력을 잃어갔지만 로마
금화는 여전히 세력을 잃지 않았다. 로마의 화폐가 구매력은 다소 떨
어지고 일부에서는 한때 누렸던 깊은 존경심이 다소 상실되었지만 제
국 전체의 유일한 통용화폐였다.

그 후 로마의 유럽 영토가 상실되자 세계 공통통화(common currency)
로서의 기능은 소멸되었지만 구제국의 영토 내에서의 통용력은 잃지
않았다. 로마통화는 로마제국 멸망 후 암흑기(Dark ages)에 화폐자
체가 시야에서 사라졌기 때문에 시야에서 사라진 것이다.

금의 생산과 공급

3. 금의 생산과 공급

- 금 생산의 구성과 변화 -

금이 화폐로 쓰이든 치장에 쓰이든 금의 생산은 2가지 주요 형태에서 비롯된다. 첫째, 광맥매장(lode deposits)으로부터 생산되는 것이다. 이는 바위의 틈(cracks)이나 결(veins)에서 발견되는 것이다. 그 두 번째는 사광매장(place deposits)에서 생산되는 것인데 광맥매장의 금을 침식시키는 물의 흐름에 의해 형성된 것이다. 강에서 물의 흐름의 속도가 느리게 되면 무거운 금이 바닥에 떨어져 하상(river bed)의 모래에 축적되어진 것이다. 금의 다른 공급원은 동과 은채광의 부산물(by-product)에서도 얻을 수 있다. 금은 아주 가치가 높기 때문에 구리나 은광으로부터 미세한 양이라도 캐내는 노력을 하게 된다. 세계 금자원의 약 5분의 1은 구리와 은의 부산물로 얻어진 것으로 알려지고 있다.

인간이 땅으로부터 채광한 금의 총량은 2004년 말 현재 153,000 톤으로 추정되고 있는데 이중 63%가 1950년 대 이후 채광된 것으로 알려지고 있다. 해수(sea water)에도 금이 있으나 해수로부터의 금 채취는 비용이 너무 커서 현재 기술로써는 경제성이 없다.

지역별 금 공급원을 보면 단연 남아프리카공화국에서 제일 많이 생산되고 있다. 2004년 현재 연간 남아프리카가 3억4천2백7십만 톤, 오스트레일리아 2억6천1백만 톤, 미국 2억5천2백만 톤, 중국이 2억1천2백3십5만 톤, 러시아 1억8천5십1만4천7백 톤, 페루 1억7천3백2십만 톤, 인도네시아 1억 톤, 캐나다 1억3천3십3만3천 톤 순이고, 기타 9억2백8십만 톤을 생산하여 전체 약 22억4천7백8십만 톤을 생산하고 있다.

그러나 금광 발견의 변화는 각 지역의 생산 순위와 생산량의 변화를 가져와 많은 변화를 겪었다. 다음 표들은 1970년대 이후 금 생산의 지역별 구성과 변화를 나타내 주고 있다. (〈표4〉 및 〈표5〉)

〈표4〉 금 생산의 구성과 변화

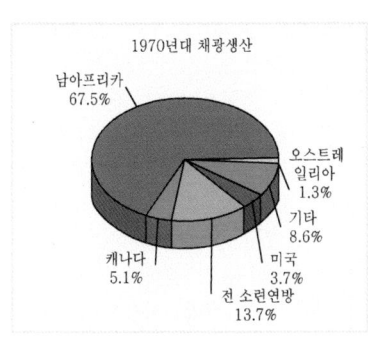	남아프리카가 3천 2백만 온스 이상 생산하여 세계 산금 4천 7백 5십만 온스의 3분의 2를 생산. 전 소련연방이 6백 5십만 온스로 2번째. 캐나다, 미국, 오스트레일리아가 각각 2백4십만, 1백7십만, 6십만 온스 생산. 세계의 기타 지역에서 9% 미만을 부담.
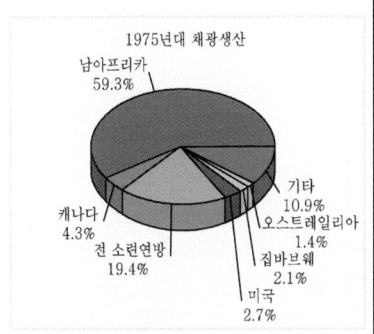	세계 산금은 1970년 대비 15% 감소했고 남아프리카는 세계 3천 9백7십만 온스 산금량 중 2천 3백만 온스를 생산하여 30 %감소, 캐나다, 미국, 오스트레일리아는 1970년대와 대체로 비슷했다.
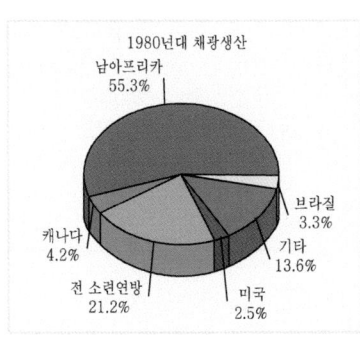	세계 전체 3천9백2십만 온스 중 남아프리카생산이 2천1백7십만 온스, 캐나다, 미국, 오스트레일리아가 각각 1백6십만 온스, 1백만 온스, 5십만 온스, 브라질이 1백 3십만 온스 생산.

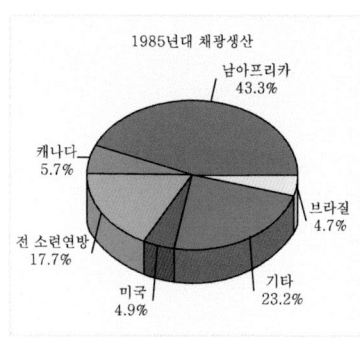

1985년대 채광생산

남아프리카 43.3%
캐나다 5.7%
브라질 4.7%
전 소련연방 17.7%
미국 4.9%
기타 23.2%

세계 산금은 4천 9백 3십만 온스로 1980년대 보다 25%증가.

남아프리카 2천1백6십만 온스로 큰 변화가 없고 캐나다, 미국, 오스트레일리아가 각각 2백8십만 온스, 2백4십만 온스, 1백9십만 온스 생산.

브라질이 2백3십만 온스, 중국이 2백만 온스 생산하면서 1982년에 순금 주화 팬더(Panda)발행. 파푸아, 뉴질랜드, 필리핀, 콜롬비아가 각각 1백만 온스 이상 생산.

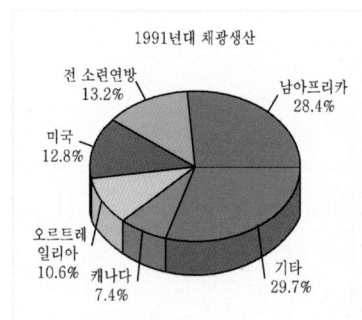

1991년대 채광생산

전 소련연방 13.2%
남아프리카 28.4%
미국 12.8%
오르트레일리아 10.6%
캐나다 7.4%
기타 29.7%

퇴적침출(heap leaching)기술이 채광을 변화시킴.

전 소련연방 붕괴로 미국이 9백5십만 온스를 생산하여 세계 2위 산금국이 됨. 오스트레일리아 7백8십만 온스 생산. 캐나다 5백4십만 온스를 생산했다. 1991년에 최고 5백7십만 온스 생산했으나 그 후 연간 5백만 온스로 감소.

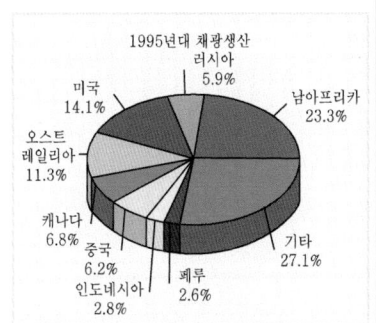

세계 금 생산이 7천2백3십만 온스에 달했으나 남아프리카는 1천6백8십만 온스 생산.

미국이 1천만 온스 이상 생산. 오스트레일리아 8백2십만 온스 생산.

칠레, 가나, 페루, 인도네시아가 각각 약 2백만 온스 생산.

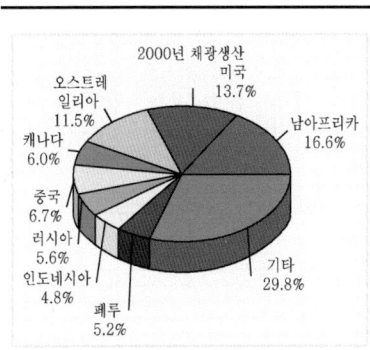

세계 생산량 2,573톤(8천2백6십만 온스)에 달했으나 남아프리카는 428톤(1천3백8십만 온스) 생산.

미국, 오스트레일리아, 캐나다가 약간 감소한 반면 중국이 증가.

상위 5개국이 세계 총산금의 50% 이상 차지.

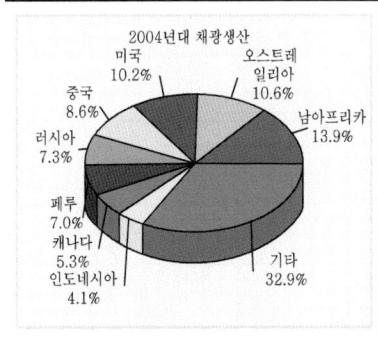

남아프리카가 342.7만 톤으로 1931년 이래 최저.

오스트레일리아 : 261톤

미국 : 252톤

중국 : 212.35톤

러시아 : 180.5톤

인도네시아 : 100톤

캐나다 130.3톤 기타 903.9톤 총 2,478톤 생산

자료 : gold sheet

〈표5〉 국가별 생산량 및 변화

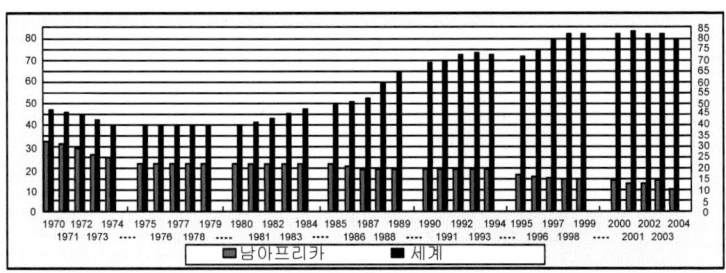

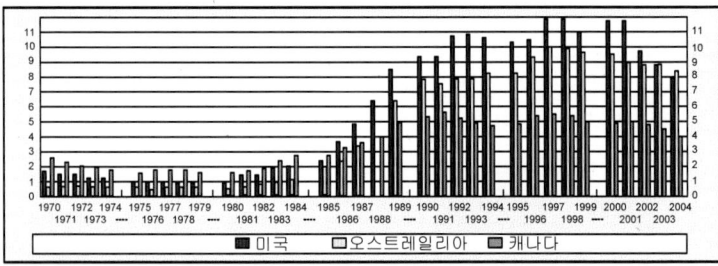

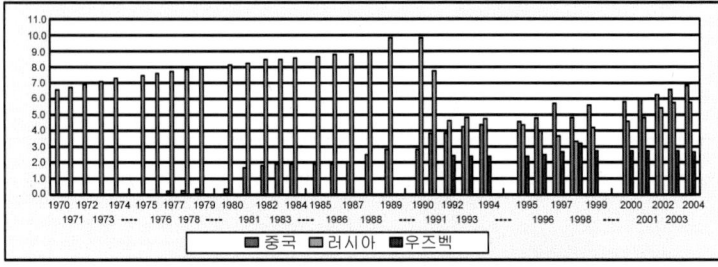

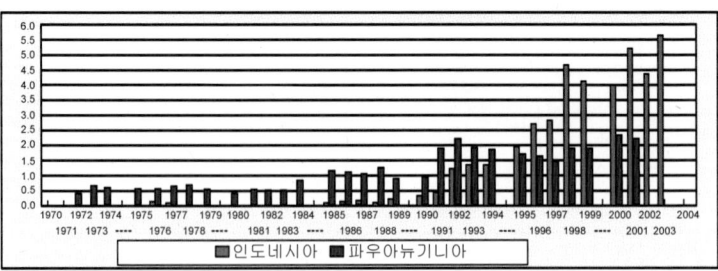

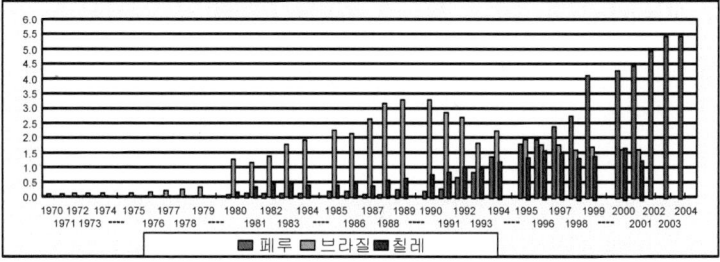

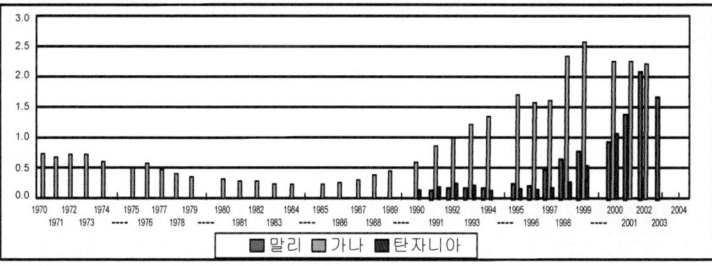

자료 : gold sheet

- 1840년대 이후의 금 생산 공급의 사이클 -

1840년은 미국과 오스트레일리아에서 대량 금 매장이 발견된 금 역사의 획기적 해가 된다. 이때 이후 최근 164년간 금 생산을 관찰해 보면 최저치와 최고치 사이에 규칙적 사이클(regular cycles)이 있음을 발견하게 된다. 1845년을 기점으로 해서 1870년, 1915년, 1942년, 1970년 그리고 2001년이 금 생산이 많았던 때이고, 최고점 사이의 기간은

1870~1915년⇒45년간

1915~1942년⇒27년간

1942~1970년⇒28년간

1970~2001년⇒31년간으로 4개 사이클의 평균은 32.75년이 된다. 만약 32.75년을 평균으로 보면 대략 2033~2034년이 다음 최고 생산의 시기가 된다. 한편 금 생산의 공동화(hollows)가 있었는데, 1840년 이래 1845년, 1885년, 1922년, 1945년, 1975년에 금 생산이 적었던 해이고, 이들 최저점 사이의 기간은

1840~1885년⇒40년간

1885~1922년⇒37년간

1922~1945년⇒23년간

1945~1975년⇒30년간으로 4개 사이클의 평균은 32.5년이다. 32.5년을 평균으로 보면 2008년이 최저 생산 시기가 된다.

따라서 여기서 금 생산의 최저와 최고 사이의 규칙성을 발견하게 되는데 최고치는 32.75년마다, 최저치는 매 32.5년으로 동일한 감소 기간을 갖는다는 사실이다. 감소량의 진폭(amplitude)을 보면,

1870~1885⇒2억 프랑의 감소로 26.7% 감소.

1915~1922⇒223톤의 감소로 31.7%감소

1945~1945⇒358톤의 감소로 32%감소

1970~1975⇒280톤의 감소로 18.9%감소로 나타난다.

감소의 평균은 27.3으로 평균 27.3%씩 선행수치에서 감소됨을 알 수 있다. 시간의 진폭을 보면

1870~1885⇒15년

1915~1922⇒7년

1942~1945⇒3년

1970~1975⇒5년으로 네 번의 감소 기간은 평균 7.5년이기 때문에 따라서 생산 감소는 평균 7.5년씩 지속된다는 것이다. 따라서 2001년이 최고 생산 시점일 때 그 생산량은 2,600톤이었기 때문에 27.3%감소한다면 다음 최저치는 1,890톤이 될 것이고 그 시기는 7.5년 이후이므로 2008~2009년이 된다.

또 하나 흥미로운 사실은 최근 100년간의 대체적 추세는 최고치와 최저치 간의 파동이 최저치는 직전 최고치로 환원된다는 것이다. 다음 그림의 금 생산파동의 특징 부분을 참고해 보면, 2001년 최고치 다음의 최저치는 대략 1,500톤으로 환원된다는 것이다.

〈표6〉 최근 세계 금 생산 추이

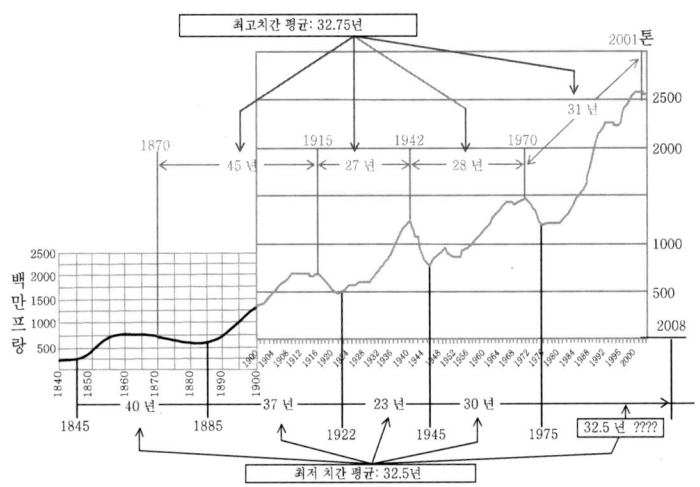

자료 : gold sheet

〈표7〉 금 생산 감소폭

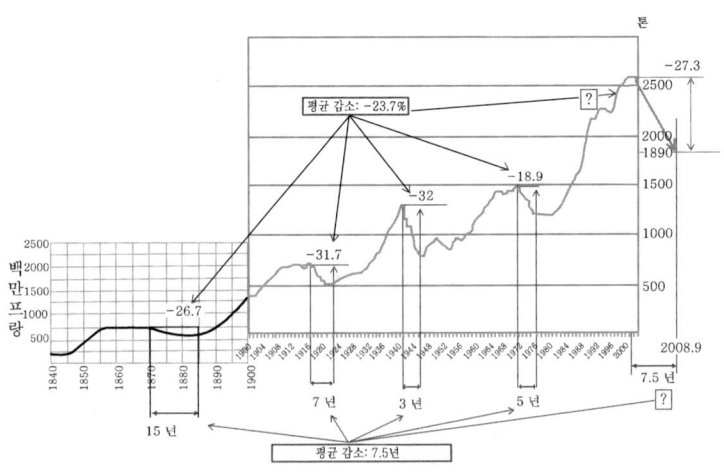

자료 : gold sheet

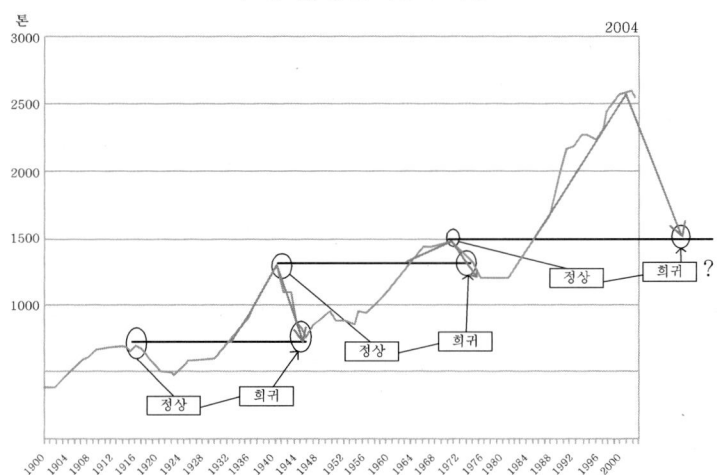

〈표8〉 금 생산 파동의 특징

자료 : gold sheet

- 금의 공급 -

지구상에 존재하는 금이 현재 어떻게 분포되어 있느냐 하는 그림이 아래에 나타나 있다. 단연 보석으로서 가장 많이 보유되고 있고, 다음이 중앙은행의 화폐용 금이다. 여기서 중앙은행은 각국의 중앙은행, 정부기관, IMF, 국제결재은행(BIS), 유럽중앙은행(ECB) 등이 포함된다. 이렇게 보유된 금은 채광으로 생산된 1차 공급형태에 더하여 2차 공급형태를 이룬다. 즉, 대부분의 금속이 그렇듯이, 금의 공급은 채광생산과 생산된 금의 재활용(recycling)으로 이루어진다.

〈표9〉 지상금의 보유분포
(2004년 말)

〈표10〉 최근 5년간 금 공급원
(2000~2004년)

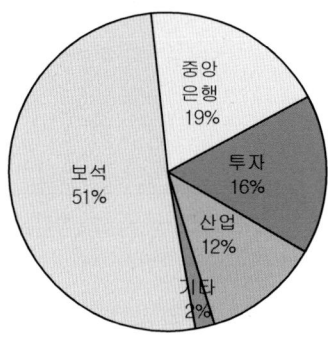

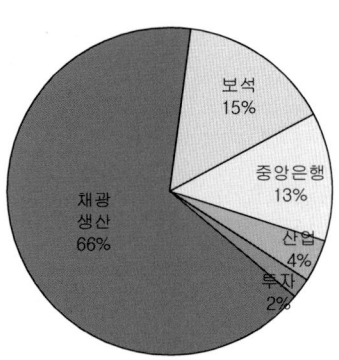

자료 : GFMS Ltd

금의 사용과 수요

4. 금의 사용과 수요

금이 갖는 뛰어난 화학적·물리적 성질은 일상생활에서 긴 세월 동안 우리의 삶에 불멸의 금속으로 깊은 인상을 심어왔다. 금은 완벽하게 재활용되고, 사실상 공기, 물, 산소의 영향에 면역되며, 변색되거나 녹이 슬거나 부식되지 않는다. 이러한 독특한 성질의 결합이 화폐적, 의학적, 산업적, 전기적 응용과 인간의 치장에 무한의 중요성을 갖게 했다. 금의 사용 가치는 이 성질에 기인한다고 볼 수 있다. 이 성질은 다음과 같은 것이 포함된다.

- 금의 독특한 유용성 -

☑ 방부성(resistance to corrosion)

금은 모든 금속 중에서 가장 비활성 금속(non-reactive metal)이다. 금은 모든 자연적 산업적 환경에 유화적이다. 즉, 금은 가장 활성적인 원소의 하나인 산소에도 결코 반응하지 않고 공존하기 때문에 녹슬거나 변색되지 않는다. BC 1352년에 매장된 이집트 파라오 투탕카멘(Tutankhamen)의 무덤에서 1922년에 발굴되어 모습을 나타낸 금사면(gold death-mask)이 여전히 그 빛을 잃지 않았던 것은 금의 이러한 독특한 특성 때문이다.

☑ 전기전도성(electrical conductivity)

금은 모든 금속 중에서 가장 전기전도성이 높은 금속이다. 전기는 전류상태로 된 하전입자(charged particles)의 이동이므로 전도성이 높은 금속은 전류의 흐름을 방해받지 않도록 한다. 금은 또한 -55°F에서 +200°F사이의 온도 변화에서도 극소전기전류를 전달할 수 있다.

이것이 컴퓨터나 통신장비의 전기연결자의 극히 중요한 소자가 되게 한다.

☑ 연성과 전성(ductility and malleability)

금은 모든 금속 중에서 가장 연성이 높아서, 끊어지지 않고 가는 줄로 늘어난다. 따라서 1온스는 5마일의 길이로 늘어날 수 있다. 금의 전성 또한 비할 데 없다. 지극히 얇은 판으로 펴질 수 있어서 1온스로 100^2피트로 펴질 수 있는 것은 다른 금속이 따를 수 없다.

☑ 적외선(혹은 열), 복사성(infrared(or heat) reflectivity)

금은 적외선 혹은 열에너지를 가장 잘 복사시키면서 가장 적게 흡수시키는 성질이 있다. 순도 높은 금은 적외선을 99%를 반사시킨다. 이 성질은 우주비행사, 소방관의 보호막 유리에, 열과 방사선 발산에 이상적으로 사용되고 있다.

☑ **열전도성**(thermal conductivity)

금은 또한 열에너지 혹은 열의 우수한 전도체이다. 많은 전자 처리에는 열 발산이 일어나므로 섬세한 기계로부터 3,300°F까지 오를 수 있는 우주선의 주요 엔진 노즐에 사용된다. 금합금은 이러한 온도에 내구성이 가장 강하고 오래 견딜 수 있는 물질이 된다.

이러한 금속으로서의 독특한 특성으로 인해 금은 인류역사와 더불어 치장으로서의 역할과 화폐로서의 역할을 완벽하게 소화해 낸 외에 다음과 같은 부분에 무한의 이용을 약속받고 있다.

- 금의 이용 -

☑ **전자와 통신**

① 컴퓨터 및 반도체

수백만 대의 컴퓨터가 매년 세계 각지에서 생산되고 있는데, 컴퓨터 혹은 반도체에 회로 연결 즉 컴퓨터 두뇌라고 불리는 부분에 미세전선으로도 금은 사용되고 있다. 접속선(bonding wire)은 특별하게 순수금인 'five nines', 혹은 99.999% 순금으로 된 사람의 머리카락의 직경보다 작은 평균 100분의 1mm의 직경을 갖는다. 또 인쇄회로기판을 만들기 위해 세라믹 바닥에 회로가 인쇄되도록 하는 접착제로도 쓰인다. 키보드의 각각의 키는 금 회로를 타격하여 그것이 데이터를 마이크로프로세서에 중계하게 된다. 게임에도 게임패키지에 있는 논리

단위들을 연결하기 위해 금회로로된 인쇄 회로판을 사용한다. 주변 기기에 청결성과, 부식되지 않는 접속, 신뢰성 있는 도화선을 보장받기 위해 금을 사용한다. 결국 금은 컴퓨터 회로에 필요불가결이다.

② 전동의자(power chair)

전동의자라고 불리는 컴퓨터화된 휠체어는 불구가 된 환자에게 이동과 독립 센서를 조종하도록 한 것이다. 컴퓨터화된 제어장치의 심장부는 작지만 강력해야 한다. 금선과 금을 입힌 연결기 패드에 의해 휠체어의 조종 장치를 연결하여 작지만 강력한 기능을 하게 했다.

이렇게 사용되는 것은 금의 전기전도성, 부식의 저항성 때문이다. 전동의자는 여러 가지 기후와 기온에 노출되어야 하는데 금으로 된 부식저항부품이 없으면 적절하게 운용할 수 없다.

③ 우주선(spacecraft)

짧은 회로로 된 우주복 안에 적재된 컴퓨터를 모니터링하기 위해 HIC(Heavy Ion Counter)를 개발해서 쓰고 있다. HIC는 금 전극으로 된 실리콘 회로판을 장치하고 있는데, 금 전극은 중이온이 회로판을 투과할 때 탐지를 하게 된다. 이러한 HIC의 이용으로 우주국 엔지니어들은 우주복에 내장된 컴퓨터의 기능을 모니터하고 필요하면 조정도 한다. 화성의 바위와 토양의 확대 컬러사진을 촬영한 로봇지질학자(robotic geologist)인 패스파인더(Pathfinder)에는 복잡한 전자장치가 내장되어 있고, 거기에도 금이 포함되어 있다.

④ 전 화

전화기 송화구 보호덮개 뒤에는 진동판에 금이 함유된 송신기가 있다. 진동판에 있는 판금 돔은 다른 부품들과 작용하여 음성진동을 전기 흐름으로 전환시켜 준다. 금이 이렇게 사용되는 것은 금의 내구성 때문이다. 특히 외부 날씨 환경에 노출된 공중전화는 내구성이 특히 요구된다.

⑤ 전화 내벽 잭

금은 우수한 신호전달 특성을 갖고 있고 부식되거나 변색되지 않기 때문에 전화 내벽 잭에 접촉 부품을 금으로 도금하는 데 사용되고 연결코드에도 금이 쓰인다. 전화 내벽은 깨끗하고 잡음 없이 대화하면서도 여기저기 내벽 잭을 옮길 수 있도록 금으로 도금되어 있다.

⑥ TV와 VCR

TV 초소형회로는 머리카락 정도의 금선에 의해 초소형 전자회로 칩에 연결된 금회로의 미세선으로 구성되어 있다. 초소형 전자회로칩이 방송부호를 TV화면으로 현상시켜 준다. TV셋을 VCR에 연결해 주는 선이 TV신호의 깨끗한 전달을 위해 금으로 입혀져 있다.

☑ **레이저장치와 광학**

① 천문학

천체망원경은 내장장치에 금을 사용한다. 금으로 입혀진 보조거울을 사용하여 아주 약한 광원을 관측하고 측정하도록 광 집약력을 높여서 우주외계에 대한 탐구를 가능하게 한다. 금으로 코팅한 거울이 달린 천체망원경을 사용하여 천문과학자들은 해왕성이나 천왕성의 상세하고도 정확한 영상을 만들어냈고 과학자들은 이러한 천체망원경으로 혹성의 표면과 대기에 관한 것을 연구하고 있다.

② 복사기

복사기는 종이에 복사하는 데 고온이 필요하다. 이 기계는 열을 효과적으로 복사하기 위해 금이 코팅된 반사거울을 사용한다.

③ 사진CD

반사면에 금으로 코팅된 CD시스템은 디지털화된 형태로 촬영한 필름 혹은 슬라이드를 압축 디스크로 전환시킬 수 있다. 이렇게 된 영상은 컴퓨터나 TV로 볼 수 있게 된다.

④ 인공위성

군사 및 상업 통신위성은 여러 면에서 금을 사용한다. 전자회로 박스는 우주광선침해 혹은 태양폭발로부터 전자장치를 보호하기 위해 금으로 코팅되어 있다. 금으로 코팅된 마일라박판(일종의 폴리에스테르박판)은 강렬한 태양열을 반사시키기 위해 인공위성의 주요부를 둘러싸고 있다. 금은 반사성, 전도성, 부식저항성으로 인해 인공위성에 필수적이다.

⑤ 안전체계

금의 적외선 반사성질은 가령 사무실, 군사경계의 안전체계의 적외선 관측 장비에 사용된다. 금을 이용한 야간 안전카메라는 가시광선 없이도 밤에 관측이 가능하다.

☑ 의학과 보건

금은 무독성이고 생물학적으로 유화적이며 가장 효율적인 전기 전도체이므로 현대의학에 없어서는 안 될 물질이다. 비록 불멸성을 갖지만 부드러운 금속이어서 미세한 금실로 늘이거나, 특정 모양을 내거나 평탄하게 하기가 쉽다.

① 치과학

치과에 사용되는 대부분의 금은 합금이고, 백금, 팔라듐(기호Pd, 번호 46의 금속원소), 은, 동, 아연 등과 더불어 사용된다. 무독성이고 생물학적으로 비활성이므로 치과적 조치에 이상적이다. 금은 조작이 쉽지만 강하고 점성이 높고 영구적이고 튼튼하다. 닳아 없어지거나 변색이 되지 않는다. 금은 화학적 공격에 대단히 저항성이 높고 부식되지 않아 항상 염분과 접촉되는 입안의 장치물로는 이상적이다.

② 눈 수술

사고나 질병 또는 외과적 수술은 가끔 래거프댈머스(Lagoph-thalmos)라 불리는 상태를 일으킬 수 있다. 이는 눈꺼풀을 완전히 깜지 못하는 상태를 말하는데, 이때 금 임프랜트는 치료의 현대적 방법이다. 금이 부가된 임프랜트를 위 눈꺼풀에 주입시켜서 눈이 정상적으로 깜박이게 하는 것이다. 눈꺼풀을 열게 하는 근육이 작용하여 눈을 뜨게 하여 근육이 이완되면 금에 중력이 작용하여 눈을 감게 한다. 금은 눈물에 반응하거나 부식되지 않아 최적의 선택이다.

③ 레이저

의료시술의 가장 잠재적인 분야의 하나가 이온레이저에 사용되는 금이다. 내부면에 금을 코팅하여 빛의 초점을 제어하는 것이다. 금 증발 레이저는 정해진 파장의 고밀도 적색을 일으키는데 이에 의해 정상세포를 해치지 않고 암세포를 찾아내어 파괴한다. 군사용으로 고안된 경레이저(lightweight laser)와 금박콘택트는 야전에서의 상처를 봉인하여 출혈을 막고 생존율을 높인다. 막힌 심장관상동맥을 깨끗하게 하는 데도 금을 사용한다. 미세 투석용 금 알맹이를 주사하여 암 진행을 지연시키거나 교질상태의 금(colloidal gold)은 암의 치료에도 쓰인다. 금으로 코팅한 부품을 장치한 레이저는 수술 불능의 심장상태나 종양을 가진 환자에게 새 생명을 선물한다. 금에 의지한 레이저는 암세포의 집중파괴로부터 눈 수술, 뇌세포 조직의 수술에 이르기까지 외과학의 혁명을 약속하고 있다. 금 코팅 레이저는 화재나 상처로 인해 손상된 피부회복에도 사용된다. 금의 비활성 및 유화적 성질로 대부분의 경우 부식이나 유해한 신체적 반응의 불안 없이 인체 내에 사용된다.

④ 류마티스성 관절염 치료

류마티스성 관절염은 많은 사람, 특히 여성들을 괴롭히는 질병이다. 1920년대 이후 이러한 질병에 금이 사용되어 왔고 1960년대 이후에는 표준적인 치료로 알려져 있다. 금염(gold salts)은 많은 경우 관절의 고통과 딱딱함을 감소시키고 뼈 손상, 팽창, 관절기형을 감소시키는 데 도움을 주고 있는 것으로 알려져 있다. 금은 주사용 혹은 알약 형태로 이용되며 금의 효과에 대한 원인은 정확히 밝혀져 있지 않고, 관절과 팽창의 원인이 되는 과정에 영향이 있는 것은 밝혀져 있다.

⑤ 온도계

금은 단 1~2초 내에 체온을 읽는 현대 체온계의 중요 요소이다. 외이(outer ear)에 체온계를 대어 쉽고도 정확하게 체온측정을 가능하게

한다. 중이는 핵심체온을 제어하는 조직인 시상하부(hypothalamus)
와 같은 혈관조직을 갖고 있어 귀를 통한 체온측정은 정확하다. 도차
관(waveguide)으로 알려진 금 코팅 튜브가 내장된 체온계는 귀로부
터 이 장치의 체온 감지장치에 직접 열을 전달한다. 금은 최고 열 반
사 금속이므로 귀에서 발열되는 어떠한 열도 체온계의 튜브를 예열시
키는 데 소모되지 않는다. 이런 방법은 갓난아기나 무의식 환자에게는
필수적이다.

☑ 산업과 항공 분야

① 에어백

금은 자동차 에어백장치에도 사용된다. 에어백이 펼쳐지도록 작동
하는 장치에 금박전자콘택트가 내장되어 있는데 사고 시에 에어백이
산개되도록 정확한 신호를 보내는 역할을 한다.

② 항공기 엔진

금은 군사 및 민간항공기의 엔진에 중요한 역할을 한다. 금은 엔진
의 발전기 고정자와 튜브의 제작에 사용된 납땜용 합금의 주요 구성
물질이다. 엔진의 이 부분은 연소엔진의 작동을 위한 기류와 공기압
축을 유지하는 데 중요한 부분이다. 또한 전자 및 항법장치에도 금이
사용된다.

③ 항공기 창유리

금이 코팅된 아크릴 창이 조종실에 사용된다. 차가운 날씨에 전류
가 방해받지 않도록 하고 서리를 방지한다. 또한 금 코팅은 습한 구
름을 통과하여 상승할 때 흐림을 방지한다. 더운 날씨에는 활주로 위

에서 조종실을 시원하게 해주기도 한다. 냉각고도에서 금의 열전도성은 선실의 열을 보존해 주고 뜨거운 태양열을 반사하기도 한다.

④ 엔 진

엔진 시동센서의 판금 연결 부분과 콘택트는 고온과 부식 환경에 견딜 수 있는 내구성을 보장하며 자동차엔진의 환경에 오래 견딜 수 있는 많은 부분에 금이 이용된다.

⑤ 화재 엄폐모자

여러 가지 사고와 화재 시에 소방관은 보호용 엄폐헬멧(bunker gear)을 필요로 한다. 소방관은 눈을 보호하면서 화재현장에 가까이 가야 할 때 얇은 금박으로 코팅된 유리는 열과 적외선 반사장치가 된다.

⑥ 식품신선도 유지

금으로 코팅된 센서는 과일과 채소의 손상을 막기 위해 필요한 이산화탄소의 측정시스템에 필요하다. 금이 포함된 센서는 식품을 신선하게 유지하기 위한 환경인 높은 습기에 견딜 수 있다.

⑦ 금 촉매작용

금은 기존의 촉매제를 대체하거나 확대할 수 있다. 금은 다른 촉매제보다 상대적으로 비활성이기 때문에 자동차 촉매 컨버터(catalytic converters ; 배기가스 유해성분을 무해화시키는 장치)등에 활용된다. 백금, 폴라듐과 같은 다른 촉매제는 고온을 필요로 하지만 금은 일상의 주위 환경에도 촉매작용을 하기 때문에 앞으로도 광범위하게 사용될 수 있다. 또한 공해물질을 발생시키지 않고 연료전지에도 사용될 수 있다.

⑧ 공격회피장치

예컨대 미국 대통령 전용특별기인 에어포스원(Air Force One)은 판금 반사장치가 되어 있는데 이 장치는 열 추적장치 미사일의 공격을 혼란시켜서 목표물에 유도하는 미사일의 유도를 어렵게 한다.

이상과 같은 첨단과학 분야 외에도 전통적으로 보석용에 금은 찬란한 전통을 갖고 있다. 금이 지상에 나타날 때부터 아름다움과 조작의 용이성으로 인해서 장신구(ornaments)로 만들고 싶은 장인들의 마음을 사로잡았다. 또한 고대의 금장식은 치장(adornment) 뿐만 아니라, 부와 권력의 상징이었다. 그리스의 서정시인 핀다로스(Pindar)가 약 2,500년 전에 이미 "금은 제우스신의 자식이고, 좀이나 녹이 그것을 먹어 치울 수 없다(Gold is the child of Zeus, neither moth nor rust devour it)."고 했다. 지금도 금은 여전히 금속으로써 신성한 고유영역을 갖고 있으며 비록 많은 나라에서 저축의 성격으로 금을 비축하지만 보석은 대량시장 제품이기도 하다.

보석 가공용 금은 연간 생산량의 대부분을 차지할 정도로 금시장의 토대가 되는데 보석으로서의 금은 순금이고, 치장용과 투자용이 거의 대등한 비율로 구입되고 있다. 그 외에 다른 금속과 혼합되어 합금을 이룬다. 이러한 합금은 색깔과 강도에 변화를 가져온다. 흰색은 은, 니켈, 팔라듐과의 합금에서 나오고 붉은 합금은 동이 포함된 것이다. 니켈이나 티타늄을 추가하면 강도 높은 합금이 된다.

보석에서 금 함량은 캐럿(Carat, or Karat)으로 측정된다. 순금이 24캐럿이고, 보석의 캐럿 수준(caratage)과 괴금(bar gold)의 순도 혹은 품위(fineness)가 다음 표에 비교 되어 있다.

〈표11〉 금 함량 및 순도

순금(pure gold)	캐럿수준 (caratage : K)	순도 혹은 품위 (fineness)	금 함량 (% gold)
	24	1000	100
	22	916.7	91.67
	18	750	75
	14	583.3	58.3
	10	416.7	41.67
합금(gold alloys)	9	375	37.5

유럽에서는 영국이 9K가 대중적인 반면 다른 대부분의 나라에서는 18K 혹은 14K의 합금이 많이 이용된다. 포르투갈은 19.2K라는 고유 칭호가 있으며, 미국에서는 14K가 지배적이고 10K도 있다. 중동, 인도 남동아시아는 22K가 전통이고 23K도 가끔 있다. 중국, 홍콩, 한국 기타 아시아에서는 990의 순도(거의 24K)를 갖는 순금 혹은 추캄(chuk kam)이 인기 있다.

대부분의 나라에서 금보석류에는 법으로 캐럿 수준을 명시하도록 되어 있다. 이는 금붙이에 검증각인(hallmarking)의 표시로 나타내고 이 표시는 14C에 런던의 금장인의 검증 Goldsmith's Hall에서 시작된 제도이다. 강제제도가 없는 나라에서는 제조자 스스로 개인적인 확인표시와 함께 캐럿 수준 혹은 순도를 각인하고 있다. 그래서 대개의 경우 검증각인, 각국의 품질관리제도, 제조자 자신의 확인서 등 세 가지 증명시스템이 복합되어 있다.

최근까지 가장 먼저 알려진 금보석류는 BC 3000년경에 지금의 남부 이라크에 존재했던 수메르 문명 때부터였다고 믿고 있다. 이때의 황금투구가 발견된 적이 있으며, 최근에는 지금의 불가리아 땅인 흑해 연안에서 그보다 먼저 금세공이 제작된 것이 확인되기도 한다. 돋을무늬 세공(repousse), 사슬제작(chain-making)합금과 주조가 고대 이집트 무덤에서 발견되었고, 가장 잘 알려진 것은 투탄카멘 (Tutankhamen)왕의 보물에서 나온 것들이다. 지중해의 섬 크레타 (Crete)에 있었던 크레타 문명의 미노아인(Minoans)의 밧줄형 사슬(cable chain)은 오늘날에도 인기 있는 세공 기술의 발단이다.

이탈리아의 에트루리아인(Etruscan)들은 작은 알갱이(granulation) 세공을 개발해서 이에 의해 BC 7세기경 작은 금 알갱이로 장식했다. 이런 역사로 인해 이탈리아는 지금까지 금 보석산업의 중심이 되고 있고, 이탈리아 르네상스는 새로운 세계 금 공급원의 발견과 일치한다. 부유한 이탈리아인 후원자들이 그림을 그리거나 조각하는 금세공자들을 지원하기도 했다.

스페인 인들의 남아메리카 금의 획득은 콜럼버스 이전 금세공인들의 고대 유물의 희생에 의한 것이었다. 이들 세공인들은 BC 1200년경부터 정교한 품목들을 생산했고 그들의 예술품은 AD 12C에서 15C 사이 침무문명(Chimmu civilization)동안 절정에 달했다. 그 후 16C 멕시코 페루를 정복한 정복자(conquistadors)에 의해 대량 약탈과 도살로 인해 금세공은 정지된다.

오늘날 이탈리아는 금 보석 제조업에 연간 400톤 이상의 금을 사용하고 있고 3분의 2이상을 수출하고 있다. 금실(gold wire)은 체인으로 짜는 수백 대의 기계를 설치하는 공장이 아레조(Arezzo), 바사노 델그라파 (Bassano del Grappa), 빈센자(Vincenza)에 번창하고, 홍콩, 싱가포르, 말레이시아, 태국이 새로운 중심으로 떠오르고 있다. 특히 중국에서는 순금에 대한 갑자기 늘어나는 수요로 인해 연간 수백 톤이 필요하다. 일본에서도 보석가공은 연간 100톤의 금을 사용하는 주요산업이다.

보석에 대한 태도는 제각각 다르다. 선진국에서는 주로 금보석이 일종의 기호품이지만 중동이나 아시아권에서는 금장신구는 투자와 같은 것으로 인식되고 있다. 금 채굴산업에 주는 보석의 중요성은 과소평가될 수 없다. 따라서 금광업의 성공은 보석 거래의 운명과 불가피하게 연결된다.

금융자산으로서도 금은 비길 데 없이 우수하며, 투자하기 쉽다. 수천 년간 가치 저장으로서 비축되어 온 금은 중요하고도 안전한 자산이다. 지폐는 변천하나 금은 영원하다. 한 나라의 경제정책에 의해 그 가치가 영향을 받지 않으며 대가 지불 약속에 상관없이 그 자체 가치를 오래 지니는 것이 금이다.

- 금의 수요 -

이상과 같은 보석용 금, 산업용 금, 투자대상으로서의 금이 금 수요의 주요한 경로가 된다. 그러나 이런 다양한 용도 중에서도 다음 그림에서처럼 보석용 금으로 사용되는 수요가 많다.

〈표12〉 최근 5년간 금수요 (2000~2004년)

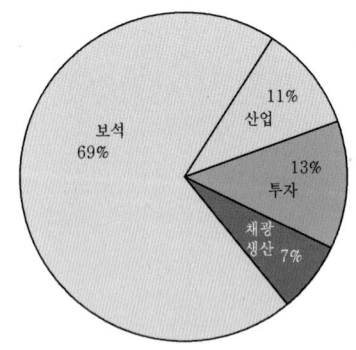

※채광생산 수요는 채광회사의 헤지를 위한 재고 수요임.

자료 : GFMS Ltd.

다음 표는 최근 4년간 금의 수요량과 금액을 나타낸 표이다. 최근의 금 수요량은 다소 주춤하고 있으나 이는 주로 보석용 수요에 다소 침체된 데 원인이 있을 뿐, 전자용 금 경화 주조에 사용되는 금은 꾸준히 증가하고 있어 이 분야가 금의 수요를 증가시킬 것으로 예상된다.

⟨표13⟩ 최종 소비 금수요(톤)

	2001	2002	2003	2004
보 석 소 비	3,015.6	2,667	2,481	2,611
산 업 및 전 자	362.3	356	379	408
전 자	196.5	205	232	257
기 타 산 업	97.2	83	80	83
치 과	68.6	69	67	68
투 자 용	356.2	343	331	475
금 괴	261.0	264	178	246
공 적 경 화	82.0	96	105	112
메달 및 모조경화	28.8	26	25	29
기 타 소 매 투 자	-15.6	-47	-17	-45
ETFs 및 유사품*	-	3	39	133
최종 소비 수요**	3,734.0	3,366	3,191	3,494
런던 오후 결정가. ($/온스)	271.0	309.68	363.32	409.17

자료 : GFMS Ltd.
　　* : ETFs는 Exchange Traded Funds(교환소거래자금)이고 유사품에는 금지금증권(gold bullion securities)등이 포함된다.
　** : 중앙은행의 수요는 제외되었다.

〈표14〉 최종 소비 금수요(백만 달러)

	2001	2002	2003	2004
보 석 소 비	26,278	26,550	28,984	34,353
산업 및 치과용	3,157	3,549	4,429	5,361
투 자 용	3,104	3,412	3,867	6,254
소 매	3,104	3,379	3,407	4,509
ETFs 및 유사품	0	33	460	1,745
최종 소비수요	32,539	33,511	37,280	45,968

자료 : GFMS Ltd.

보석용 금의 경우도 장기적 추세로 보면 다음 표에서 알 수 있는
바와 같이 증가하고 있어 전체 금 수요는 점점 증가할 것이다. 주요
국가별 금 수요량을 2000년 기준으로 보면 인도가 가장 많은 수요국
이고 미국, 사우디아라비아에 이어 한국이 7위에 해당한다(〈표17〉).

〈표15〉 보석용 금 수요 변화(톤, 십억 달러)

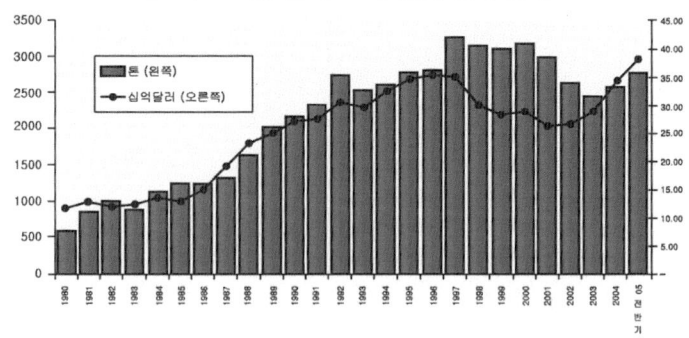

자료 : GFMS Ltd, World Gold Council

  금제품을 제작하기 위해서 소요된 금의 순위로 보면 인도, 이탈리아에 이어 한국이 9위로 되어 있어 한국의 금 수요량은 세계 금시장에서 무시할 수 없는 위치에 있다고 할 수 있다(〈표16〉).

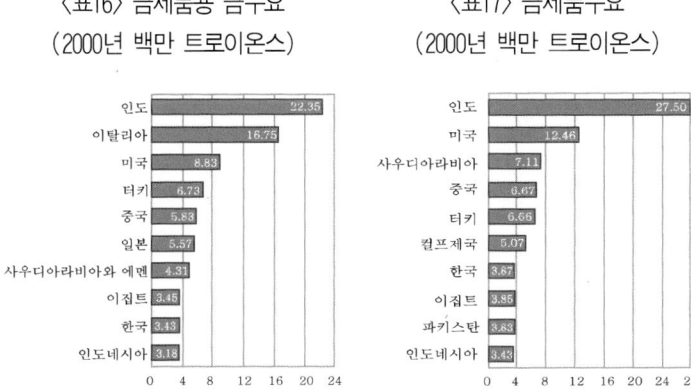

〈표16〉 금제품용 금수요
(2000년 백만 트로이온스)

〈표17〉 금제품수요
(2000년 백만 트로이온스)

자료 : GOLD FIELDS MINERAL SERV-
ICES LTD., GOLD SURVEY 2001,
(LONDON)APRIL 2001.

자료 : WORLD GOLD COUNCIL,
GOLD DEMAND TRENDS, ISSUE
NO. 34, 2001.

  금의 수요량을 1991년부터 2000년까지 선진국과 개발도상국으로 구분하여 비교해 보면 선진국은 전자 부문의 금 수요량이 많은 반면 개발도상국의 경우는 보석류의 금 수요량이 많아 전체적으로 개발도상국이 많은 금을 수요 한다고 할 수 있다.

〈표18〉 선후진국의 금수요 비교(백만 트로이온스, 중고품 금 포함)

선 진 국

	1991	1992	1993	1994	1995	1996	1997	1998	1999	2000
보 석	28.45	29.83	28.72	28.66	29.02	28.71	30.67	32.00	31.18	31.14
전 자	4.46	4.09	4.39	4.67	5.09	5.14	5.76	5.30	5.69	6.49
치과용	1.63	1.75	1.73	1.77	1.90	1.91	2.00	1.84	1.86	1.96
기 타 산 업	1.85	1.98	1.99	2.07	2.14	2.16	2.13	1.98	1.77	1.75
메 달	0.29	0.19	0.13	0.13	0.09	0.06	0.08	0.06	0.12	0.07
금 화	3.89	2.48	3.14	1.87	2.24	1.52	2.65	3.54	3.71	0.88
소 계	40.56	40.32	40.11	39.16	40.48	39.50	43.28	44.71	44.33	42.30

개 발 도 상 국

	1991	1992	1993	1994	1995	1996	1997	1998	1999	2000
보 석	47.39	58.97	53.40	55.53	60.74	62.96	77.01	69.46	70.07	70.94
전 자	2.10	1.51	1.35	1.40	1.47	1.57	1.79	1.94	2.24	2.61
치과용	0.39	0.35	0.31	0.28	0.27	0.26	0.25	0.22	0.27	0.26
기 타 산 업	0.49	0.76	1.21	1.30	1.37	1.44	1.57	1.44	1.46	1.61
메 달	0.57	0.73	0.67	0.73	1.02	0.99	1.28	1.43	1.44	1.87
금 화	0.95	0.46	0.75	0.45	0.54	0.50	0.51	0.54	0.57	0.61
소 계	51.90	62.78	57.69	59.69	65.40	67.73	82.40	75.02	76.04	77.91
세 계 전 체	92.47	103.10	97.79	98.85	105.89	107.23	125.68	119.73	120.37	120.20

자료 : GOLD FIELDS MINERAL SERVICES LTD
GOLD SURVEY 2001, London, 2001.

〈표19〉 국가별 금 수요(톤)

	1997	1998	1999	2000	2001	2002
금가격($/온스)	331.3	294.1	278.6	279.1	271.1	309.7
인 도	688.0	774.4	730.7	723.0	726.7	575.7
파키스탄	78.1	54.8	67.0	58.1	49.0	50.5
전체중국	529.6	367.3	308.7	292.6	269.7	237.8
중 국	373.9	279.3	225.0	212.5	205.6	202.3
홍 콩	62.9	22.6	17.6	23.0	21.6	16.5
타이완	92.8	65.4	66.1	57.1	42.5	19.0
일 본	109.0	109.6	160.5	105.1	113.9	141.5
한 국	82.2	5.5	66.1	69.7	67.8	64.1
동남아시아	219.3	63.3	244.0	251.6	264.4	256.5
인도네시아	102.5	19.0	120.8	95.2	106.3	102.9
태 국	24.4	-24.0	40.9	65.5	64.8	58.9
베트남	46.5	42.0	49.3	55.0	57.6	59.6
말레시아	22.6	15.6	21.6	23.2	23.5	23.3
싱가포르	23.3	10.8	11.4	12.7	12.2	11.8
중 동	506.7	466.5	461.4	457.9	440.6	370.6
사우디아라비아	249.6	194.8	173.2	173.8	165.8	143.0
이집트	138.4	135.8	138.9	129.9	117.4	82.0
걸프제국	118.7	135.9	149.3	154.2	157.4	145.7
아랍에미레이트	50.9	62.3	84.3	98.4	99.6	93.4
쿠웨이트	37.7	42.8	34.5	27.2	28.6	24.7
기 타	30.1	30.8	30.5	28.6	29.2	27.5
터 키	169.9	160.4	113.9	177.4	119.1	128.4
아메리카	461.8	528.3	554.4	473.1	510.8	496.0
미 국	371.1	431.8	461.1	368.5	413.1	409.3
멕시코	35.0	40.2	52.6	60.4	57.2	49.5
브라질	55.7	56.3	40.7	44.2	40.5	37.2
유 럽	273.3	263.4	208.9	142.2	275.4	239.3
이탈리아**	113.1	112.4	100.7	92.1	91.7	87.6
영 국**	54.2	63.7	65.0	75.0	81.9	77.6
프랑스	19.8	29.1	32.4	19.0	30.3	20.7

	1997	1998	1999	2000	2001	2002
독 일	92.4	74.5	41.9	15.6	61.3	43.4
기타 투자	-6.2	-16.3	-31.1	-59.5	10.2	10.0
세 계*	3770.1	3451.1	3510.7	3343.1	3413.2	3067.4

자료 : World Gold Council, Gold Demand Trends, No. 42.
 * : 반올림으로 합계가 일치하지 않을 수도 있음.
 ** : 보석용 금임

〈표20〉 보석용 금 수요(톤)

	1997	1998	1999	2000	2001	2002
금가격($/온스)	331.3	294.1	278.6	279.1	271.1	309.7
인 도	572.0	658.2	629.7	620.0	614.7	490.2
파키스탄	73.1	52.8	64.0	54.1	47.0	48.1
전체중국	485.8	345.3	306.1	280.9	265.7	236.7
중 국	339.0	243.3	215.3	205.6	203.2	199.6
홍 콩	58.3	29.1	25.2	22.8	21.5	18.2
타이완	88.5	72.9	65.6	52.5	41.0	18.9
일 본	71.9	53.9	51.9	49.8	50.6	46.5
한 국	54.1	39.0	55.7	61.8	63.5	60.7
동남아시아	182.7	101.1	199.5	195.5	206.0	194.9
인도네시아	91.0	41.5	109.8	86.7	97.8	92.9
태 국	33.1	14.9	42.5	56.3	53.3	46.8
베트남	17.5	16.0	18.3	21.0	23.8	24.7
말레시아	20.6	16.5	18.6	19.8	19.4	19.3
싱가포르	20.5	12.2	10.3	11.7	11.7	11.2
중 동	455.7	445.6	445.9	448.2	429.3	358.0
사우디아라비아	226.6	186.8	168.7	169.8	163.4	139.3
이집트	131.9	134.8	137.6	128.1	115.9	82.0
걸프제국	97.2	124.0	139.6	150.3	150.0	136.7
아랍에미레이트	37.9	62.9	80.8	94.3	94.9	88.3
쿠웨이트	32.6	32.2	29.6	28.5	27.1	23.1
바레인	14.1	14.8	13.5	12.3	12.7	11.9
오 만	5.7	8.0	8.1	7.8	8.0	7.5
카타르	6.9	6.1	7.6	7.4	7.3	6.0

	1997	1998	1999	2000	2001	2002
터 키	149.6	139.6	91.9	147.7	92.4	97.9
아메리카	407.2	445.7	465.2	493.1	483.2	469.3
미 국	316.5	349.8	373.9	387.3	389.3	388.0
멕시코	33.2	38.1	48.6	57.8	53.7	47.8
브라질	57.5	57.8	42.7	48.0	40.2	33.5
유 럽	271.1	281.7	272.0	264.7	265.3	248.1
이탈리아	113.1	112.4	100.7	92.1	91.7	87.6
영 국	54.2	63.7	65.0	75.0	81.9	77.6
프랑스	49.8	56.1	57.4	54.0	52.4	48.3
독 일	54.0	49.5	48.9	43.6	39.3	34.6
세 계*	3311.0	3181.5	3151.0	3186.6	3064.0	2726.7

자료 : World Gold Council, Gold Demand Trends, No. 42.
　* : 반올림으로 합계가 일치하지 않을 수도 있음.

금시장과
금 가격 결정

5. 금시장과 금 가격 결정

금시장은 역사상 가장 오랫동안 가치를 갖고 있는 상품의 판매와 구매가 이루어지는 독특한 전일제시장(24-hour-a-day market)이다. 금시장의 독특한 특성은, 앞서 말한 대로 금의 상품적 이용과 금융자산으로서의 가치라는 2중적 속성 때문이다. 따라서 금시장의 이해는 상품으로써의 금과 금융시장에서의 금의 역할이라는 양면적 이해를 필요로 한다. 그러나 여기서는 화폐로서의 금이 중심이 되며, 금의 화폐적 역할 문제는 다른 장에서 다루기로 한다.

- 금시장의 불균형 -

다음 그림에서 알 수 있듯이, 최근 수십 년간 채광된 금의 공급은 증가하는 금 수요를 충당시키지 못하기 때문에 결과적으로 금 부족 현상이 일어날 수밖에 없다. 2001년을 기준으로 보면, 금 수요의 67%정도 밖에 충족시키지 못하고 있고 그 후 금 부족 현상은 점점 심화되고 있다. 또한 금광도 노후되고 있어 앞으로의 전망을 어둡게 하고 있다.

최근 3년간의 금 수급을 보더라도 세계전체의 최종 금 수요량이 2003년 3,191톤, 2004년 3,494톤인 것에 비해 총 채광 공급량이 2002년 2,177톤, 2003년 2,322톤, 2004년 2,036톤으로 채광생산이 수요에 미치지 못하고 있다. 이러한 불균형을 공적부문의 판매, 기존의 폐금 등으로써 보충하고 있으나 2004년에는 169톤이나 부족한 기이한 현상이 일어났다.

〈표21〉금 수급불균형 (톤)

자료 : anygoldnow, 2005

<표22> 금 수요와 공급(톤)

	2002년	2003년	2004년
총 수요	3,367	3,194	3,497
총 공급	3,557	3,870	3,328
채광생산	2,589	2,593	2,464
순 생산자 헤징*	-412	-279	-442
총 채광공급	2,177	2,313	2,022
공적부문판매**	545	617	478
기존의 폐금	835	939	828
잉여량***	190	676	-169

자료 : GFMS Ltd.
 * : 생산자가 가격위험을 회피하기위해 구입한 금.
 ** : 중앙은행이 옵션의 위험을 피하기 위하여 수행한 델타헤징은 제외.
 *** : 잉여량에는 기관투자 오차 등이 포함되어 있다.

- 대전 후의 금 정책과 금 가격 -

2차 대전 후 브레튼우즈 협정에 따라, IMF를 창설했고, 이 협정 하에서 각국은 금을 자국통화로 평가(par value)하여 1%의 범위 내에서 교환율을 유지하도록 했다. 그러나 사실상 주요 준비통화가 달러였기 때문에 다른 나라는 결국 미국 달러에, 고정통화교환율을 유지하게 된다. 미국은 별도로 국제 금융거래의 결제에서 온스당 35달러로 외국공식 금융당국과 거래하기로 동의했기 때문에 외국은 간접적으로 금에 고정되게 되었다. 어쨌든 이때의 금은 공식적으로 온스당 35달러가 되었다.

만약 공식적인 금융당국과의 거래 이외의 거래가 없다면, 이러한 가격은 쉽게 유지될 수 있을 것이다. 그러나 만약 자유거래가 허용되면 이 가격 유지는 금의 수요·공급량을 조정하여야만 가능하다. 예컨대 초과 수요가 있어서 가격이 올라가면 시장에 금을 공급할 의지와 능력이 있어야 되고 초과 공급이 있으면 금을 무한정으로 구입할 의지와 능력이 있어야 한다. 따라서 금 가격을 유지하기 위해서는 두 가지가 갖추어져야 한다. 대량의 금 비축과 대량의 달러가 있어야 한다. 당시에 세계 금 비축량의 60%를 미국이 보유하고 있었고, 달러는 발행으로 창출할 수 있었기 때문에 이 조건은 충족될 수 있었다.

브레튼우즈 협정 후 금 가격은 거의 십 년간 유지되었지만 1960년경부터 금의 민간시장 가격이 온스당 35달러 이상으로 올라가려는 지속적 경향을 보이기 시작했다. 그래서 1960년 가을에 미국은 스위스, 영국과 더불어 유럽공동시장 중앙은행과 공동으로 금의 민간시장에 개입했다. 이러한 협력적 개입은 1년 후 금풀(gold pool)로 공식화되었다. 이 제도는 1961년부터 1968년 사이에 금 온스당 35달러 수준을 유지하기 위한 영국, 벨기에, 프랑스, 이탈리아, 네덜란드, 스위스, 미국, 독일 중앙은행들의 동맹체이다. 여기서 런던이 금 거래의 중심이었기 때문에 영국 중앙은행이 매일의 금 가격 결정을 통해서 민간시장에 개입하게 되었다.

만약 결정가격이 35달러 20센트 이상이 되거나 34달러 80센트 이하가 될 가능성이 있으면, 영국 중앙은행이 금 판매자 혹은 구매자가 되어 참여하게 된다. 1967년 11월에 영국 파운드화가 2달러 80센트로 평가절하되자 파운드화로 준비자산을 보유한 경우 달러 가치로 14.3%의 자본 손실을 입게 되었다.

이것이 달러가 만약 금에 대하여 평가절하되어 있었다면 금 보유에

의해 자본 이익을 달성할 수 있었을 것이라는 의문을 갖게 하여 금
수요가 증가되는 계기가 되었다. 따라서 금 가격을 낮게 유지하기 위
해 금풀에 의한 판매가 엄청나게 많아지자 미국의 금고가 있던 포트
녹스(Fort Knox)에서 런던으로 긴급 금 수송이 이루어졌다.

1968년 3월에는 민간시장의 가격을 관리하려는 노력은 포기되고
이중가격 제도(two-tier system)가 시작되었다. 즉, 공식거래가 자
유 시장가격과 분리되었다. 이 제도하에서 중앙은행은 온스당 35달러
로 거래하고 민간시장과는 거래를 하지 않게 된다. 사적 시장은 균형
시장 가격에 거래할 수 있고 공식적 개입이 없어졌다. 가격은 즉시
온스당 43달러로 뛰었으나 1969년 말에 35달러로 환원되었다. 그러
나 변동환율제의 출현과 이중가격 제도가 포기되자 금은 100달러까
지 치솟았다.

이 과정에서 금풀제가 포기되고 1968년 3월 이중 가격제가 시작되
기까지 런던 금시장이 영국 당국에 의해 2주 동안 강제 폐쇄되었는데
이때 많은 변화가 있었다. 런던이 금시장의 경쟁력을 유지하기 위해서
금 분배 중심에서 금 거래중심(gold-trading center)으로 전환했
고, 미국 거래시간과 일치시키기 위해 오후 가격 결정(second daily
fixing : the 3 : 00 P.M. fixing)이 오전 가격 결정에 추가되었다.
그리고 결정가격 통화도 파운드화에서 달러화로 전환되었다.

- 런던 금 가격 결정 -

세계 금 거래의 중심지는 런던이고 런던 금(및 은)의 중심은 LBMA

(London Bullion Market Association : 런던지금시장 위원회)에 의해 운영되는 런던지금시장(London Bullion Market)이다. LBMA 의 회원은 시장 결정 회원(market making members)으로 불리고 여기에는 다음에 말하는 다섯 금 가격 결정 참여자와 총 14개의 지금 (bullion)상사와 약 50명의 보통회원으로 되어 있다.

금의 가격 결정(gold fixing)은 런던 금(및 은) 가격 결정에 의해 정해지고 이것이 세계 금 가격의 기준이 된다. 전화로 하루에 두 번 대략 오전 10 : 30과 오후 3 : 00에 다섯 금가결정 회원에 의해 결정된다. 2005년 8월 현재 The Bank of Nova Scotia-Scotia Mocatta, Barclays Bank Pic, Deutsche Bank AG, HSBC Bank USA, NA and Société Générale이 다섯 금가결정 회원이다. 의장은 1년씩 윤번제이다. 이러한 금 가격 결정의 역사는 1919년부터 시작되고 1939년 전쟁으로 인해 폐쇄되었다가 1954년 재개장되었다.

이름과는 달리 금 가격결정은 사실상 공개경매과정과 아주 유사하다. 가격결정은 가격결정소(fixing room)에 다섯 회사 대리인이 모여 서로 개시가격(trying price)을 제안함으로써 시작된다. 이때 참여한 각 회사의 대표자는 수많은 이해당사자와 연결된 자기 회사의 거래소(dealing rooms)에 중계한다. 이때 참여자는 중계된 가격에 따라 참여, 조정, 취소를 할 수 있다. 매입과 판매량이 균형이 될 때까지 금 가격은 오르락내리락하여 균형이 되면 가격 결정이 선언된다. 드문 경우지만 균형의 달성이 불가능하면 의장의 재량에 의해 결정되고, '재량에 따른 가격결정(fixing on discretion)'이라 한다. 참여자의 주문은 이 결정가로 거래되고 전 세계 금 정보 경로를 통해 파급된다. 따라서 이 가격결정은 그 시점의 모든 시장의 이해관계자의 완전하고도 공정한 표준이 된다.

·금의 거래는 현물, 선물, 옵션 기타 파생거래 등에서 장외거래(OTC : over the counter)로 이루어진다. OTC거래는 거래소를 통하지 않고 본인 간에 일어나는 거래이며, 이러한 거래형태가 세계 금거래의 대부분을 차지한다. OTC거래는 상호간 직접적으로 상대방과 거래하기 때문에 자신의 위험으로 거래 조건과 기타신용 조건을 합의한다.

OTC시장은 전 세계에 걸쳐 24시간 운영된다. OTC거래의 주요 중심지는 런던, 뉴욕, 취리히 등인데 1,000온스가 최저단위로 하는 도매 금시장이다. 일반적으로 금광 회사 또는 중앙은행은 런던, 뉴욕을 통해서 거래한다. 뉴욕은 보석과 공산품의 제조업자, 투자와 투기업 등에도 여러 가지 서비스를 제공한다. 취리히는 보석의 제조업자 또는 공산품에 실물금을 제공하는 데 전문화되어 있다. 두바이와 극동의 몇몇 도시들은 개인투자를 위한 보석과 소형금괴(1kg이하)에 관여하고 있다.

대부분의 OTC거래는 런던을 통해 청산되지만, 수많은 지금상들이 전 세계에 사무실을 갖고 있어 하나의 거래 장부로 거래가 가능하다. 런던의 일일 2회의 금가결정이 이러한 OCT거래의 기준 가격이 된다.

인도 과정은 은행 현금 계정의 대차에 의해 실행되는 국제외환거래와 유사하다. 인도의 기준은 표준 런던 양호인도 금괴(Standard London Good Delivery Bar)의 인도가 되고, 인도 장소는 판매상이 지정한 런던 금고가 관례가 되고 있다. 금 거래 현금 인도는 일반적으로 뉴욕에 개설된 미국 달러 계정으로 이루어진다. 서류상 이전의 제도인 청산과정(clearing process)도 있다. 각각 갖고 있는 비배분금 계정(unallocated gold accounts)을 통해 상방거래의 인도뿐만 아니라 제 3자 이전도 할 수 있다. 실물금의 이동은 없고 서류거래만 하는 경우 안전위험과 실물금 이동비용을 줄일 수 있는 장점이 있다. 최근 금거래 가격이 다음 표에 나타나 있다.

〈표23〉 금 가격의 변화

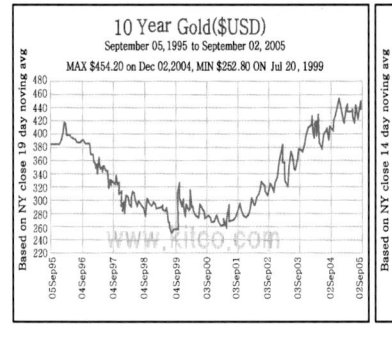

10 Year Gold($USD)
September 05, 1995 to September 02, 2005
MAX $454.20 on Dec 02,2004, MIN $252.80 ON Jul 20, 1999

5 Year Gold($USD)
September 03, 2000 to September 02, 2005
MAX $454.20 on Dec 02,2004, MIN $255.95 ON Apr 02, 2001

1 Year Gold($USD)
September 03, 2004 to September 02, 2005
MAX $454.20 on Dec 02,2004, MIN $396.30 ON Sep 08, 2004

6 Month Gold($USD)
March 04, 2005 to September 02, 2005
MAX $447.25 on Ang 12,2005, MIN $414.45 on May 31, 2005

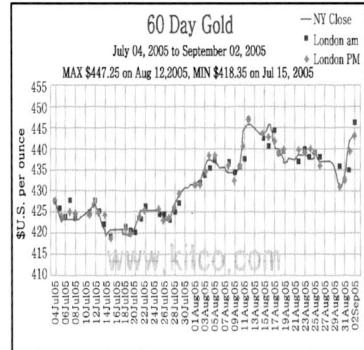

60 Day Gold
— NY Close
■ London am
♦ London PM
July 04, 2005 to September 02, 2005
MAX $447.25 on Aug 12,2005, MIN $418.35 on Jul 15, 2005

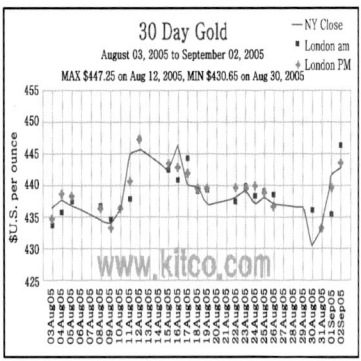

30 Day Gold
— NY Close
■ London am
♦ London PM
August 03, 2005 to September 02, 2005
MAX $447.25 on Aug 12, 2005, MIN $430.65 on Aug 30, 2005

- 런던 양호인도 금괴 -

LMBA는 양호인도(good delivery)로 수령될 수 있는 금괴에 대한 표준을 정하는데, 이것이 현물 혹은 실물금 거래의 기준수준(benchmark standard)이 된다.

그 요건은 다음과 같다.

☐ 무게(weight) : 350~430 순수 트로이온스

☐ 순도(fineness) : 최소 1,000분의 995 순금

☐ 시금자 혹은 용해업자인(assayers / melters stamp) : LMBA에 의해 승인됨.

☐ 의무적 기호(obligatory marks) : 일련번호와 순도. 0.025 트로이 온스 이내의 무게오차를 증명하는 시금자와 용해업자.

☐ 외관(appearance) : 양호 외관(good appearance)이어야 하며, 내부동공이 없고 취급하기 쉽고 쌓기 편해야 함.

☐ 인도(delivery) : 통상 런던 지금 청산회사의 하나에서 일어날 것.

☐ 현물시장에서의 가격산정은 통상 미 달러로 표시되고 다음처럼 표시된다.

☐ $292.50-$292.80 / oz

여기서 책정 혹은 구입가격이 온스당 $292.50이고 호가 혹은 판매가격이 온스당 $292.80이다. 현물인도는 즉일(spot date)에 인도되는 것인데 거래일자 후 2번째 근무일(second working day)까지를 말한다. 딜러가 현물가격을 산정하는 표준량은 10×400온스 금괴 혹은 4,000온스로 하기 때문에 위의 딜러호가에 표준량을 구입했다면 판매자에게 2 근무일 내에 10×400×$292.80=$1,171,200만큼을 지불하고 지금청산회사(bullion clearing houses)의 하나에서 금

4,000온스를 수령한다.

지금청산회사는 외환거래에서 은행과 유사하게 순금거래로 한다. 총 구매와 총 판매 간의 순차이만 상대방과 이전 거래한다. 외환청산 은행은 회계 기입만으로 외환인도가 이루어지지만 지금청산은행은 지금의 실물이전을 수반할 수 있다.

LMBA청산회사는 영국중앙은행(Bank of England), 다섯 금 결정 딜러, 신분이 수시로 변하는 소수의 기타회사로 구성된다. 금융 및 기타 요건이 엄격하기 때문에 시장결정회원(market making member)보다 청산회원(clearing members)의 수가 적다. 보통 전자가 14이고 후자가 8정도가 된다.

금 투자

6. 금 투자

투자를 목적으로 금을 구입하는 데는 여러 가지 방법이 있다. 보석의 경우 치장 목적 이외에 하나의 저축 목적으로 구입하는 경우도 있지만 이것을 투자로 볼 것인가는 상황에 따라 다르다. 또한 실물금의 구매와 금 가격변동에 따른 경제적 이익을 취득하는 것과의 구분도 명확하지 않다. 특히 금의 실물적 이동이 없는 형태의 거래는 더욱 그렇다. 그러나 금에 투자하는 데는 다음과 같은 몇 가지의 물음에 따라 투자 방법을 달리해야 한다.

□ 왜 금을 구입하려고 하는가? 실질자산(real asset)을 원하는가, 아니면 가격이 오를 것으로 기대 되어지기 때문에 금 가격에 따른 경제적 이익을 원하는가?

□ 금이 인도되기를 원하는가, 아니면 금고 속에 저장되는 것을 원하는가?

□ 어떤 비용이 수반되는가? 세금, 수수료, 이자, 보험료, 보관료 등이 여기에 포함된다.

□ 구입 상대방은 믿을 수 있고 신뢰할 만한가?

□ 금은 다른 투자와 잘 조화되는가? 포트폴리오에서 금의 역할은?

- 금 투자의 이점 -

☑ 안전대피소(safe haven)

시장가격변화에 따른 시장의 위험은 갖고 있지만, 신용위험으로부터 완전히 자유롭기 때문에 금은 불안한 시기에 항상 안전대피소의 역할을 해 왔다. 금의 이러한 특성이 투자자가 느끼는 금의 매력이다.

☑ 재산관리

금은 재산관리의 효율적 방법이 된다. 지난 200년간 금 가격은 인플레이션과 보조를 유지해 왔다. 1999년 알렌그린스펀 미 연방준비제도 이사회의장은 "금은 여전히 세계 최종지불형태를 대표한다(Gold still represents the ultimate form of payment in the world)."고 하였다.

☑ 포트폴리오 다양화

자산의 포트폴리오 다양화의 일환으로 금에 투자하는 것이다. 금은 다른 투자나 중요 경제지표와는 독립적으로 그 경제적 성과가 결정되는 경향이 있기 때문에 투자포트폴리오에서 금은 전체적 위험을 감소시키는 데 도움을 줄 수 있다.

- 금 투자 유형 -

☑ 금화와 소형금괴 투자

역사상 첫 금화는 BC 560~547년 사이 리디아의 크리서스 왕에서 시작되었고 그 후 금화는 법화로써 계속되어진다. 오늘날은 지금형금화(bullion coins)와 소형금괴(small bars)가 민간 투자자에게 적은 양의 금을 투자하는 데 인기가 있다.

① 지금형 금화

비록 크루거랜드(Krugerrand)가 투자목적으로 시장에서 거래된 최초의 지금형 금화였지만, 오늘날은 전 세계적으로 여러 정부에 의해서 발행되고 있어 광범위한 지금형 금화가 있다. 이들은 금의 함량이 아니라 액면가치(face value)에 따르지만 발행국에서는 법화가 된다.

지금형 금화는 20분의 1온스에서 1,000g까지 크기가 다양하지만, 보편적인 무게는 정금량의 트로이온스로 20분의 1, 10분의 1, 4분의 1, 2분의 1, 1온스 등이다. 시장가치는 정금함량, 프리미엄, 판매상의 이문 등에 따라 결정되고 작은 명목금액(denominations)일수록 높게 되는 경향이 있다. 지금형 금화는 기념주화(commemorative coins) 혹은 고전금화(numismatic coins)와는 다르다. 이들은 전자가 금함량에 의해 가치가 결정되지만 후자의 금화들은 희소성, 디자인, 세련미 등으로 결정된다. 판매상은 이 양자를 다 취급한다.

지금형 금화는 다음과 같은 것이 있다.

〈표24〉 지금형 금화

년 도	발 행 국	종 류
1970	남아프리카	크루거랜드 초대대통령금화(Krugerrand)
1979	캐나다	단풍잎금화(Gold Maple Leaf)
1981	멕시코	리버타드(=천사)금화(Gold Libertad)
1982	중 국	팬더곰금화(Gold Panda)
1986	미 국	미국독수리금화(Gold American Eagle)
1987	오스트레일리아	캥거루금괴(Kangaroo Nugget)
1987	영 국	브리타니아금화(Gold Brittania)
1989	오스트리아	비에나 필하모니커금화(Vienna Philharmoniker)
1990	싱가포르	싱가포르사자금화(Singapore Lion)

American Eagle (1986~현재)
트로이온스로 1, 1/2, 1/4, 1/10규모. 순도 0.916 혹은 22 캐럿.

Canadian Maple Leaf (1979~현재)
트로이온스로 1, 1/2, 1/4, 1/10규모. 순도 0.9999 혹은 24캐럿.

South African Kruggerand (1976~현재)
트로이온스로 1, 1/2, 1/4, 1/10 규모. 순도 0.916 혹은 22 캐럿.

English Britannia (1987~현재)
트로이온스로 1, 1/2, 1/4, 1/10 규모. 순도 0.916 혹은 22 캐럿.

Australian Kangaroo (1989~현재)
1986년부터 1988년까지는 금지금 금화(the Gold
Nugget Coin)를 발행했으나 1989년에 캥거루금화
(the Kangaroo coin)로 대체되었다. 트로이온스로
1, 1/2, 1/4, 1/10, 1/20 규모. 순도 0.9999 혹
은 24 캐럿.

Chinese Panda (1982~현재)
트로이온스로 1, 1/2, 1/4, 1/10, 1/20규
모. 순도 0.9999 혹은 24캐럿.

Austrian Philharmonic (1989~현재)
트로이온스로 1, 1/4, 1/10규모. 순도 0.9999
혹은 24 캐럿.

Mexican Centenario Family (정부
공식개주)
50페소(1.2트로이온스, 1947), 20페소(0.48트로
이온스, 1959), 10페소(0.24트로이온스, 1959), 5
페소(0.12트로이온스, 1955), 2.5페소(0.06트로
이온스, 1945), 2페소(0.04트로이온스, 1945).
순도 0.900 혹은 21.6캐럿.

Mexican Onza (1981~현재)
트로이온스 1, 1/2, 1/4규모. 순도 0.999 혹
은 24캐럿.

② 소형금괴(small gold bars)

금괴는 여러 가지 무게와 크기가 있다. 1g에서 400트로이온스(1
kg=32.1507트로이온스)까지 다양하다. 소형금괴는 1,000g 혹은 그

이하의 무게를 의미한다. 세계적으로 약 50개의 인정된 소형 금괴 제조업자가 338종류의 금괴를 생산하고 있다.

☑ 금 계정(gold accounts)

우선 두 가지 형태의 금계정이 있는데 배정계정(allocated account) 과 비배정계정(unallocated account)이다. 배정계정에 금을 보유하는 것은 안전한 보관함(deposit box)에 금을 맡겨 두는 것과 같다. 번호가 매겨지고 금 검증각인, 무게, 순도가 확인된 특정금괴(때에 따라서는 금화)가 투자자에게 배정이 되고, 투자자는 보관료와 보험료를 보관자에게 지불해야 한다.

비배정계정은 외환계정과 유사한데 일반 투자자들은 이 방법을 많이 선호한다. 통상 2영업일 내에 금의 인도를 받지 않는 경우 투자자는 금괴를 실제 가지는 것이 아니기 때문에 보관료나 보험료를 지불하지 않는다. 그러나 그러한 서비스의 제공 은행 혹은 판매상의 신용에 노출되는 위험이 있다.

일반적으로 지금발행은행은 1,000온스 이하에서는 거래를 하지 않기 때문에 일종의 도매상 혹은 B2B 거래를 하는 셈이다. 고객은 주로 기관투자자, 고객 편의를 위한 민간은행, 중앙은행, 대량 금을 구입하거나 차입하려는 참여자 등이다. 주요 지금은행은 LBMA(London Bullion Market Association) 회원이 된다. 1,000온스 이하의 금계정을 개설하려는 투자자에게도 이용하는 프로그램이 개발되어 있다.

☑ 금 누적계획(GAPs : gold accumulation plans)

GAPs는 특정한 금액만큼 따로 저축하여 모아 두는 것과 같다. 차

이점은 GAPs는 금으로 한다는 것이다. 이 제도는 일본에서 주로 하는 투자 방법이다. 원하는 만큼 소규모 금을 비축할 수 있고, 소규모이면서 장기적으로 하기 때문에 대량 투자의 위험을 줄일 수 있는 이점이 있다. 1980년 타나카 키킨조쿠 금고에 의해 도입된 후 다른 지금상, 광업사, 상사, 은행 등에 의해 판매되었고, 산와은행이 1988년에 자기은행 GAPs를 시작한 게 발전의 큰 계기가 되었다. 1990년 후지은행이 이 제도를 도입한 이후, 지금은 200톤 이상의 금이 이 프로그램으로 축적되어 있다. 우리나라의 일부 은행에도 유사한 제도가 있다.

이 프로그램이 개설되면 일정금액으로 약정되기 때문에, 금값이 오르면 금구입량이 적어지고 금값이 내리면 금 구입량이 많아지게 되어 있다. 예컨대 매월 투자액을 ¥10,000으로 계약하고, 월 20일 거래된다면 하루의 거래액은 ¥500이 된다. 따라서 정해진 ¥500만큼만 금을 구입하면 된다. 예컨대 3일간의 거래를 예로 들어보면, 아래의 표와 같이 나타난다.

〈표25〉 GAPs의 예

일 자	금 가격(¥ / g)	GAP에 의한 1일 투자액(고정)	금 구입량
1일째	1,500	500	500 / 1,500＝0.33g
2일째	2,000	500	500 / 2,000＝0.25g
3일째	1,000	500	500 / 1,000＝0.50g

이 예에서 3일째까지 축적되는 금은 1.08g이 된다. 그리고 지출된 돈은 ¥1,500이다. 즉 1g에 ¥1,389지출된 셈이다. 그전에 3일간의

평균금액은 ¥1,500이니까 3일간 ¥111(1500-1389)가 절약된 셈이다. 계약기간의 언제라도 또는 계약 종료 시에 투자자는 금괴나 금화형태로 인도받거나 보석의 형태로 가질 수 있다. 만약 원하면 현금을 받을 수도 있다.

☑ 금 증서(gold certificate)

금 증서는 미국의 남북시민전쟁에서 1933년까지 미국재무부에서 발행된 적이 있다. 달러로 표시된 이 증서가 금본위의 주요 역할을 했고, 동 금액의 금으로 교환될 수 있었다. 그 후 은 증서로 대체되었다가 , 다시 연방정부 어음으로 교체되어졌으나 지금은 유통되지 않고 다만 수집용으로 쓰이고 있다.

오늘날 금 증서는 실물금 인도를 수반하지 않고 금을 보유하는 방법이다. 독일이나 스위스은행에 의해 발행된 증서는 은행이 고객의 편의를 위해 보관하고 개인의 소유를 확인하고 있다. 따라서 고객인 투자자는 보관료를 절약할 수 있으며, 개인의 안전문제를 해결할 수 있다. 또한 보관은행에 전화만으로 보유금의 일부를 판매할 수 있어 유동성 확보가 쉬운 장점도 있다.

☑ 금 추구형 자금(gold oriented fund)

많은 종합투자수단(collective investment vehicles)이 금광 회사의 주식에 투자하는 데 전문화되어 있다. 여기에는 상호기금(mutual funds), 개방형 투자회사(OEICs :open-ended investment companies), 폐쇄식 자금(closed-end funds), 계약형 투자신탁(unit trusts) 등이 포함된다.

☑ 구축상품(structured products)

선도 혹은 금이 링크된 채권과 같은 구축상품은 본인 대 본인 베이스로 거래된다. 비록 일부증서는 OTC로 거래되지만 일부는 교환소에서 거래된다. 구축상품시장은 전문투자자나 기관투자가에 의해 지배된다. 선도의 경우 최소 투자규모가 보다 크기 때문에, 특히 금 시장 전문가에 의해 거래된다.

① 선도(forwards)와 선물(futures)

선물과 선도계약은 기초자산(underlying asset ; 여기서는 금)을 장래의 일정 일자에 합의된 가격으로 교환하기로 합의하는 것이다. 따라서 선물과 선도계약은 위험관리 혹은 투기목적으로 사용될 수 있다. 그러나 선도와 선물 간에는 차이가 있다.

□ 선도계약은 상대방과 직접 협상으로 이루어지므로 일종의 맞춤형(tailor-made)이지만 선물계약은 교환소에서 거래되는 표준화되어 있는 계약이다.

□ 선도계약은 더 큰 유연성을 갖고 있고 사적 거래이면서 상대방에 대한 상당한 위험이 있지만, 선물거래는 금이 거래되는 거래소에 의해 보증된다.

□ 선물거래는 계약 만기일 이전에 제 3자에게 판매될 수 있어서 선도계약보다 유동성이 있다. 의무는 제 3자에게 이전될 수 없다.

② 금이 링크된 채권과 구축증권(structured notes)

세계의 굴지의 지금상이나 투자은행들은 여러 가지 형태의 금이 링크된 채권을 발행한다. 이들 금 링크 상품들은 투자자에게 금 가격

변동에 따른 경제적 이익, 채권 수익률, 원금 보호 등의 이점을 투자
자에게 제공한다.

구축증권은 수익률을 보장하는 화폐시장처럼 고정소득상품에 투자하는
것과 일부금액을 판매선택권(put options)과 매수선택권(call options)
을 구입하는 것에 자금을 배분하는 방법이 대종을 이룬다. 이러한 상품
들은 자본보호와 시황이나 투자자 선호에 의해 가격 상승에 여러 가지
방법으로 참여하기 위해 사전에 짜 맞춘 것이라 할 수 있다.

☑ 교환소거래금(exchange traded gold)

① 선물 및 옵션

금 선물계약은 합의된 가격으로 규정된 날짜에 정해진 양과 품질의
금을 인도하거나 인도받기로 확정된 약속이다. 투자자들은 만기일에
계약의 기초가 되는 금의 인도를 하거나 받을 수 있지만 만기일까지
가는 경우는 드물다. 이러한 계약의 이점은 계약금만 내고 신용상태
에서 거래하는 것이다. 즉 계약금의 일부만 미리 지불하기 때문에 자
금압박을 적게 받는다. 선물계약 투자의 결과로 인해서 가격에 크게
영향을 주게 되고 변덕성이 심하게 된다.

선물가격은 미래 어떤 시점에서의 부담비용, 예를 들면 금 차입의
금리비용, 보험료, 보관료 등에 의해 결정된다. 선물가격이 현물가격
보다 높을 때의 차이를 순일변(contango)이라 하고, 반대의 차이가
될 때를 역일변(backwardation)이라 한다. 거래의 대부분은 순일
변이며, 역일변은 상당히 드문 경우이다.

선물거래의 비용은 최초 증거금(initial margin)에 의해 결정된
다. 최초증거금은 브로커에게 지불되는 현금예치(cash deposit)를

말한다. 이것은 계약의 기초가 되는 금 가격의 일부일 뿐이기 때문에 투자자에게 현금지출보다 상당히 큰 금 가치를 통제하도록 해준다. 금 가격이 상당히 크게 변동될 때에는 브로커가 손해를 입을 수도 있기 때문에 브로커는 편차증거금을 요구할 것이다. 그러한 일부 증거금 계약수단은 큰 이익을 가져다 줄 수 있지만 금 가격의 불리한 변동의 경우 손실을 입을 수도 있다.

선물거래는 규제된 상품거래소에서 거래되는데 최대의 거래소는 뉴욕상업 거래소 상품거래부서(New York Mercantile Exchange Comex Division)와 도쿄 상품거래소이다.

금 옵션은 보유자에게 합의된 날짜에 사전에 결정된 가격으로 정해진 양의 금을 사거나 파는 권리는 부여하지만 의무를 부여하는 것은 아니다. 이때 사는 것을 매수선택권 혹은 콜옵션(call option)이라 하고 파는 것을 판매선택권 혹은 풋옵션(put option)이라 한다. 그러한 옵션의 비용은 금의 현물가격, 권리행사가격(strike price)으로 알려져 있는 사전 동의된 가격 수준, 금리, 금 가격의 예상되는 변동성, 동의된 날짜까지의 잔여기간 등에 의해 결정된다.

선물계약에 따라서 옵션상태(option position)는 보유자에게 상당한 채무부담을 줄 수도 있다. 만약 권리행사 가격이 달성되지 않으면 옵션을 행사 할 의미가 없어지고, 손실의 한계는 옵션을 위해 지불된 최초의 추가금액(premium)에 한정된다.

선물과 옵션은 주식처럼 브로커를 통해서 거래될 수 있는데 옵션 가격 산정은 권리행사 가격이 높을수록 콜옵션 비용은 적어지고 풋옵션 비용은 커지게 된다. 콜옵션, 풋옵션 모두 만기일까지의 기간이 길수록 비용이 커진다.

② 증서(warrants)

금 증서는 80년대 금채광업자가 발행한 것이 시초가 되지만 지금
은 대개 주요 투자은행이 발행하고 금구입자가 일정한 추가부담을 해
서 장래의 정해진 날짜에 정해진 금액으로 금을 구입할 수 있는 권리
를 부여한다. 증서는 만기일 이전에 발행자에게 되팔 수 있도록 되어
있다. 옵션과의 유사성에도 불구하고 증서는 증권화된 수단이고 옵션
보다는 덜 복잡하다. 일부 증서는 주식거래소에서 거래되기도 한다.
증서는 기초자산인 금의 가격과 연결되지만 그렇지 않은 경우도 있
다. 증서구매자는 금의 인도를 요구할 수 있지만 실제 그런 경우는
드물다.

③ 주식형상품

최근 교환소 거래상품에 주식거래소에서 거래되는 주식형태로 증권
화된 금이 추가되고 있다. 이것은 금파생 상품이라기보다는 금융상품
이다.

준비자산으로서의 금

7. 준비자산으로서의 금

금은 민간거래의 중요 상품인 동시에 중앙은행이나 IMF와 같은 초국가적 조직들에 보유되어 준비금의 일부로써 중요한 역할을 하고 있다.

- 중앙은행의 금 보유 -

중앙은행은 100년 이상 금의 주요 보유자이고 앞으로도 계속해서 상당한 금을 보유할 것이다. 중앙은행이 화폐용 금(monetary gold)으로 보유한 금은 지상금의 약 20%를 차지하고 있다. 변화하는 상황에 따라 금 보유량을 조정하기 위해, 재균형시킨 준비자산 포트폴리오(reserve portfolio)의 일환으로 지난 십 년간 일부 중앙은행에 의해 보유된 금의 양이 감소된 것은 사실이다. 이러한 조정 과정이 앞으로 수년간 지속될 수도 있지만, 앞으로 예측할 수 있는 장래에는 당분간 금은 여전히 중요한 준비자산으로 남아 있게 될 것이다.

중앙은행이 금을 비축시키기 시작한 것은 1880년부터이다. 이때는 고전적 금본위제 기간이었고, 그 제도 하에서 금본위 국가는 유통되는 화폐량이 그 나라 금 비축량과 연결되어 있었으므로 지폐는 정해진 가격에 금으로 태환되었다. 은행업무와 여신의 발전은 유통되는 화폐량이 금 비축량 자체보다 많도록 하였다. 그럼에도 모든 사람들은 태환에 신뢰를 하고 있었고, 당시 경제적ㆍ정치적, 그리고 금융적 세력을 가진 파운드화의 금 태환을 의심하는 사람은 아무도 없었다. 다른 나라들도 금본위제에 참여하자 그들도 역시 고정된 가격에 그들 화폐와 금의 태환을 유지하기 위해 금을 축적시키기 시작했다.

그 제도의 중심적인 중앙은행으로서 영국 중앙은행은 전 세계적인 신뢰를 불러일으켜 실제로는 금이 그렇게 많이 필요치 않게 되었다. 영국은 1870년에 161톤, 1913년에는 248톤 정도를 갖고 있었다. 미국은 2,293톤, 러시아는 1,233톤, 프랑스 1,030톤, 아르헨티나 440톤, 독일 439톤, 오스트리아 378톤, 이탈리아 355톤, 오스트레일리아 309톤이었다. 1870년에 세계 공식적인 금 준비량이 700톤 정도로 추정되었고, 1913년에는 8,000톤 정도로 추정되었다. 두 차례에 걸친 세계대전 동안의 경제적 내셔널리즘 기간에, 공식적인 수중에 금의 빠른 집중이 있었다. 그때까지는 대부분의 금이 상업거래에서 국경을 넘어 민간인의 손에서 통화로써 유통되면서 사적으로 보유되었다.

1차대전 전에는 진정한 국제통화제도의 기초가 되었던 금은, 그 후 경제적 경쟁과 국가적 대항에서 하나의 무기로 사용되었다.

1934년 루즈벨트 하의 미국은 금의 가격을 온스당 $20.67에서 $35로 인상시켜 금에 대한 달러의 가격을 절하시켰다. 이 새로운 공식가격은 금을 최초로 과대평가한 것이고 전 세계 금 보유사들이 미국에 금을 파는 원인이 되었다. 이에 따라 1925년 미국의 공식 금

보유량이 6,000톤이었으나 2차대전말 18,000톤으로 증가했고 이는 당시 세계 공식 금 비축량의 약 65%가 되었다.

1960년대 최고조에 달했을 때는 미국의 공식적인 금 보유량는 약 38,000톤 정도가 되었고 지상의 비축금의 약 50%가 되었다. 중앙은행은 금의 고정된 공식가격, 달러 태환을 통해서 국제통화제도의 기초를 금에 두고 있었기 때문에 금을 보유하고 있었다. 또한 금 보유와 국가의 통화 공급이 직접 연결은 없었지만, 금은 여전히 중요한 준비자산(reserve asset)이었다. 모든 중앙은행은 공식가격에 달러의 잔액을 금으로 태환시킬 수 있었다. 그래서 금은 직·간접으로 연결된 모든 통화를 고정시키는 닻(anchor)의 역할을 했다. 다음은 최근의 각 국가 및 국제기관의 금 보유현황이다.

〈표26〉 세계 공적 금 보유량(2005.6)

국 가	톤 수	준비자산 중 금보유비율
1 미 국	8,133.5	60.4%
2 독 일	3,433.2	50.4%
3 국제통화기금	3,217.3	(1)
4 프랑스	2,945.2	54.0%
5 이탈리아	2,451.8	55.1%
6 스위스	1,290.1	26.2%
7 일 본	765.2	1.3%
8 네덜란드	722.4	47.9%
9 유럽중앙은행	719.9	21.5%
10 중 국	600.0	1.1%
11 스페인	523.3	37.4%
12 포르투갈	442.3	57.0%
13 타이완	423.3	2.4%
14 러시아	386.8	4.6%

국 가	톤 수	준비자산 중 금보유비율
15 인 도	357.7	3.9%
16 베네수엘라	357.4	22.4%
18 오스트리아	307.5	35.2%
19 레바논	286.8	24.1%
20 벨기에	257.7	26.0%
21 필리핀	196.3	17.7%
22 국제결제은행	185.5	(1)
⋮	⋮	⋮
53 우크라이나	15.9	2.3%
54 키르로스	14.5	5.2%
세 계	31,192.3	(1)
국별 합계	27,809.2	9.5%
유로지역 (ECB 포함)	11,971.5	44.4%

※ : (1)은 자료공개가 없는 국제기관이다.
자료 : World Gold Council

그러나 점차 중앙은행들이 안정된 가격에 조화되는 화폐보다 더 많은 화폐를 창출하게 되어 고정된 금 가격은 현실성이 없게 되었다. 이 제도의 구심점으로서의 미국은 통화수축(deflating)과 평가절하(devaluing)와 제도의 포기라는 선택의 기로에 놓이게 되었다. 1971년 8월 닉슨 대통령이 금 창구의 폐쇄(closing the gold window)로써 금본위제를 포기하게 되었다. 그렇다고 미국의 금 보유가 포기된 것은 아니었지만 이미 1950년대를 시작으로 공식적인 금 보유량에는 큰 변화가 있었다.

전후의 유럽회복과 저평가된 환율은 독일, 프랑스 및 다른 유럽제국의 대규모 수지흑자를 가져왔고 미국의 적자를 야기했다. 미국은 이러한 적자를 부분적으로는 금을 이전시켜 조달했다. 그 결과 미국의 금 보유량은 1950년 20,000톤에서 1971년 9,000톤으로 감소되었다. 닉슨 대통령이 달러 잔액을 금으로 바꿀 수 있는 태환성(convertibility)을 정지시킨 그 해에, 세계는 현재의 변동환율제도로 들어갔고 이제 금은 화폐제도의 중심이 아니라 하나의 준비자산으로서의 역할에 한정되게 된다. 이것이 달러가 화폐제도의 중심에서 역할을 하도록 길을 열어준 계기가 되었다. 그리고 세계 대부분의 나라가 사실상 달러 본위제도로 이동하게 된다. 1978년 미국의 압력으로 IMF의 조문을 개정하여 각국 통화가 금에 고정되는 것을 포기하도록 하여 일종의 반금본위제가 시작되었다.

1980~1990년대에 들어서 각국 중앙은행들은 대외 준비자산으로서 금의 역할을 재평가하게 되었다. 중앙은행 독립성 운동과 준비자산에 대한 보다 상업적 태도가 은행 관리자들에게 준비자산 포트폴리오에 있어서의 현재 이익률을 보다 강조하도록 했다. 이러한 환경 하에서 이윤을 발생시키지 않는 자산인 금은, 대여시장에 참여하여 대여금에서 조금의 이익을 얻는 것 이외에 상업적 목적을 달성하기에는 결정적 약점이 있게 되었다. 그 결과 중앙은행들은 금 보유량을 줄였고 공적 금 비축량은 1980년과 1999년 사이에 약 10%정도 감소되었다. 1999년 11월 유럽 중앙은행들은 1차 중앙은행 금 협정을 체결하여 5년 동안 연간 금 처분량을 400톤으로 정하고 시장에 금 대여량의 상한선을 정하였다. 그리고 준비자산으로서의 금의 장래를 신뢰한다는 것을 재확인하게 된다. 이 협정은 주요 금판매자들을 서명에 포함시켜서 중앙은행들의 결의를 확인시켜 주었다. 이에 따라 1999년 7월에 온스당 $252였던 것이 안정을 되찾았다.

- 준비자산으로서의 금의 역할 -

중앙은행이 준비자산으로 금을 보유하게 되는 이유가 무엇인가에 대해 다음과 같이 요약될 수 있다.

☑ 경제적 안전성(economic security)

달러나 유로와 같은 통화로 준비자산을 보유하게 되면 그 가치가 발행국의 경제정책에 상당히 좌우된다. 반면, 금은 준비자산으로서의 정책적 결함으로부터 자유롭다. 또한 채무불이행으로 인한 손실 가능성이 없다. 그것은 금이 준비자산 중에서 유일하게 채무를 수반하지 않는 자산이기 때문이다. 물론 극단적이기는 하지만 채무이행 거절은 불환지폐(fiat money) 혹은 정부증권의 경우에 발생할 수 있다. 외환시장에서 준비통화의 가치가 급격한 하락이 오면 지불 거절과 거의 같은 것이 된다. 그것은 해당 통화의 보유자에게는 거액의 손실을 일으키기 때문이다.

☑ 실물적 안전성(physical security)

가끔 통화 자유이전의 제한과 극단적인 경우에는 다른 나라가 현금 혹은 증권에 접근하지 못하도록 하는 외환동결과 같은 것을 실시할 수 있다. 만약 금융수단이나 해당 통제통화로 표시된 은행예금으로만 전적으로 보유하고 있으면, 그러한 자금동결에 취약하게 된다. 그러나 적절하게 분산된 금은 훨씬 덜 취약한 준비자산이 된다. 1999년에 앨런 그린스펀 미연방준비제도 의장은 의회에서 다음과 같이 말한 적이 있다. "금은 여전히 세계 최종적인 지불 수단을 대표한다. 세계 대전 중 독일이 단지 금만으로 물자 구입을 할 수 있었던 것은 흥미 있는 일이다. 불환지폐가 누구에게도 인수되지 않는 극단의 경우에도 금은 항상 인수되었고, 최종 지불 수단이었으며, 통화의 안전요소와 통화의 최종 가치를 갖추어 있는 것으로 인식되었다. 이것이 역사적으로 왜 각국 정부가 금을 보유하는가 하는 이유가 된다." 준비자산은 필요할 때 사용하기 위한 것인데, 금은 명백한 유동성을 제공한다.

☑ 예상치 못한 어려움(unexpected needs)

지금 현재로 가장 확신할 수 있는 것이 있다면 그것은 현재 사실이 영원하지 않다는 것이다. 국내외의 경제적 사태발전은 한나라의 여러 가지 계획을 전복시킬 수 있고, 세계적 충격이 국제 통화제도의 근간을 변화시킬 수 있다.

금을 보유하는 것은 미지의 사태에 대한 선택을 하는 것이며, 자주 일어나지는 않지만 만약 발생하면 큰 손해를 가져올 미래사태에 대한 보험적 성격이다. 그러한 사태는 전쟁, 예상치 못한 인플레이션, 주요 차입국에 의한 외채 지불거절을 가져오는 총체적 경제위기, 통화 및 무역 블록으로 복귀, 일국의 국제적 고립 등이다. 금은 특히 1970년대처럼 고정환율제도에서 변동환율제도로 전환되거나, 파운드화가 지배적인 통화였던 시대로부터 달러가 주요통화가 되는 통화제도의 변천기에 유용한 수단이었다. 금은 유동성이 있으며 지불수단으로 전 세계적으로 인수되기 때문에 전시자금(war chest)의 역할을 하기도 한다.

☑ 신뢰(confidence)

한 나라가 불멸의 자산인 금을 보유하고 있다는 것은, 그 나라를 상당히 신뢰할 수 있는 근거가 된다. 금본위제하에서처럼 일대일로 교환할 수는 없지만 일상거래에 사용되는 불환지폐인 종이 조각의 튼튼한 근원이 되는 어떤 물질이 있다는 것을 보여주는 것이 바로 금이다. EU의 중앙은행이 1999년 초기에 대외준비자산의 15% 정도를 금으로 보유했던 것은 신뢰를 과시하기 위한 것이었다. 신용평가기관은 금 보유국에 대해 안정된 느낌을 가질 수 있을 것이다.

IMF이사회에서도 금의 역할을 인식하고 있으며 모든 개별국가의 수지표에는 금을 보유하고 있음을 보유주고 있다. 다음 표는 최근 반세기의 공적 금보유량과 변화를 보여주고 있다.

〈표27〉 세계 공적 금 보유량 변화 (1948~2002년)

자료 : www. gold. org

☑ 분산화(diversification)

포트폴리오에 금을 추가하는 것은 금 가격에 상관없이 위험과 보상 면에서 상당한 이익을 가져다준다. 대체로 금의 수익률은 다른 금융자산과는 반대의 상관관계를 갖는 경향이 있다. 이러한 특성이 바로

ECB를 비롯한 중앙은행이 금을 포트폴리오에 포함시킨 이유이다. 또한 모든 계란을 하나의 바스켓에 갖게 되는 것은 위험이 너무 크다.

☑ 소득

금은 종종 비소득 수입자산(non-income earning assets)으로 취급되는데 이는 사실과 다르다. 중앙은행이 이러한 형태로 모든 금을 보유하려고 하지 않을 것이며, 금 대여 시장의 존재는 상당한 수익이 발생될 수 있는 여지를 허용하고 있다. 그리고 금은 이익 발생을 목적으로 거래될 수도 있다.

☑ 가치의 저장(store of value)

단기에 있어서는 실질가치가 유지되는 것은 아니지만 수십 년 혹은 그 이상의 경우 금은 실질 구매력을 가장 안정적으로 갖고 있다.

☑ 동원되어지는 금(mobilizing gold)

금이 상대방에서 인수될 수 있는 현금 혹은 담보로서 사용될 때 최종 지불 수단으로서 유일의 자산일 수 있다. 금은 필요한 중앙은행 준비자산 운용에 중요한, 그리고 전략적 역할을 할 수 있다.

중앙은행은 대중의 눈을 피해 금 거래를 수행하기 때문에 정확한 거래를 파악하기 어렵지만, 공식 금을 운용하는 가장 대표적 방법은 금 대여이다. 일부 중앙은행은 전혀 대여하지 않으려 하지만 최근에는 점점 대여 시장에 참여하고자 하는 것이 보편화되고 있다. 2002년에는 4,500톤이 대여되고 있다고 추정되었다.

금의 동원은 정치·경제적 위기에서도 있을 수 있다. 예컨대 1981

년 이란의 억류 위기 때 이란은 미국 인질을 석방하는 대가로 미 달러를 받는 것을 거부했다. 그래서 미국은 석방 조건으로 대신 50톤의 금을 인도하였다. 1983년 재무부는 금 비축량을 국가적 기본재산(patrimony)과 예비적 재산의 일부로 간주하고 동량의 이란인의 금 소유권을 동결시킴으로써 준비금의 보충을 단행하였다. 또한 종종 일어나는 일이지만 대외차입을 위한 담보로써 금이 사용된다. 1974년 루마니아는 대외 채무상환을 위해 대부를 받는 데 금을 담보로 사용했으며 1999년에도 그런 일이 있었다.

끝으로 민간 부분의 금이 공적 부분 목적에 중요한 지원이 될 수 있다. 1997년 아시아의 통화위기 때 말레시아, 대한민국, 태국 등이 국내 거주자가 보유한 금을 동원할 계획을 발표했었고, 그중에서도 우리나라는 약 270톤이나 되는 금을 모았다. 이들 나라들은 정부채권 혹은 현지통화와 교환하기 위해 금을 양도받는 방법으로 국민의 애국심에 호소하였다. 모아진 금은 직접 준비자산으로 부가시켜 신뢰성을 더하든가 아니면 달러와 교환으로 금을 판매하여 대외채무를 상환하든가 아니면 허약한 그들의 통화를 지원하기 위하여 개입하는 데 사용되었다.

최근 수년간에 새롭게 채광된 모든 금은 보석제조로, 산업용으로, 민간투자 등으로 쓰였고 공적 부문에서 흡수된 것은 없다. 공적 부문은 채광된 금으로 인한 새로운 공급을 흡수하기보다는 오히려 비축된 금에서 공급한 형편이었다. 이러한 추세는 당분간 역전될 경제적 이유가 없는 것이 사실이다. 그러나 금은 여전히 중앙은행의 준비자산으로서 중요한 요소가 될 것이기 때문에 그 가치가 상실되지는 않을 것이다.

금과 국제통화제도

8. 금과 국제통화제도

- 금과 국제통화제도의 관계 -

인류 최초의 경제행위는 말할 필요도 없이 물물교환이었다. 아마도 두 사람이 직접 교환을 했을 것이다. 예컨대, 식량과 털가죽의 교환 같은 것이다. 그러나 이러한 교환은 비효율적인 것일 수밖에 없다. 만약 털가죽을 가진 사람이 식량을 원하지만 식량을 가진 사람이 목각품을 원한다면 두 사람의 거래는 일어나지 못하고 제 3자를 찾아야 한다. 만약 제 3자가 두 사람이 가진 것 중 어느 것도 원하지 않으면 세 사람의 거래는 일어날 수 없고 제 4의 당사자를 찾아야 한다. 따라서 거래의 과정이 참으로 어렵게 된다.

화폐의 발명은 이 문제를 해결해 주었다. 화폐는 거래를 원하는 수 많은 사람들을 찾아 헤매지 않고도 다자간 물물교환을 수행하도록 해 주는 것이다. 실로 화폐의 고안은 인간생활의 엄청난 노력과 비용을 절감시켜 주는 기적을 가져다주었다.

그러나 화폐의 고안은 무엇을 화폐로 사용할 것인가 하는 또 다른 문제를 낳게 된다. 예컨대 돌과 같은 보통의 물질이 화폐로 사용된다고 하면, 교환 가능한 재화가 한정되기 때문에 문제가 일어나게 된다. 사냥을 하거나 돗자리를 짜는데 하루를 다 보낼 수 있어 재화 공급에는 제한이 따른다. 시장에 재화가 나오게 되면 부를 축적시키려는 인간의 욕망은 재화를 갖기 위한 경쟁을 유발한다. 첫 번째 구매자가 땅에 돌을 하나 뽑아 가서 그것을 제공하고 재화를 획득하려 한다. 옆에 있던 다른 구매자는 즉시 돌 2개를 가져가서 더 나은 조건으로 거래하려 할 것이다. 이렇게 되면 곧바로 가능한 한 빨리 많은 돌을 가져와서 거래하려는 가격 인상 전쟁이 일어날 것이다.

결국에는 돌더미를 주고 거래하려는 일이 일어날 것이다. 여기서 우리는 두 가지의 문제를 발견하게 된다. 첫째, 인플레이션 문제이다. 너무 많은 돈(=돌)이 있으면, 가격 폭등이 일어난다. 수만 톤의 돈(=돌)이 결국 필요하게 되는 결과를 가져온다. 둘째, 가능한 한 많은 돈을 캐기 위하여 인적자원과 자연자원을 낭비하게 된다. 이러한 자원은 실질재화를 생산하는 데 할애될 수 있는 것이다.

그래서 희소한 물질이 화폐로 사용될 필요가 있다. 금이나 은은 이러한 요건을 갖추고 있어 초기 화폐의 중요한 물질이었다. 소라껍질과 같은 희소한 물질을 사용한 원시시대도 있었지만 문명된 사회에서는 금이 화폐로서 중요한 역할을 했다. 그러나 돈이 너무 희소하게 되면 앞서 말한 것과는 반대의 결과를 가져오는 문제점도 있다. 예컨대 어떤 사회가 금을 화폐로 사용하는 데 불행하게도 오직 한 개 금덩어리(gold nugget)만 있다고 해보자. 금덩어리를 가지고 있는 사람은 그 사회의 어떤 것이든 구입할 수 있다. 그러나 단 한번만 구입할 수 있기 때문에, 일단 금덩어리를 제공한 후에는 회전을 시켜야 할 것이다. 그리고 최초의 금덩어리 제공자는 그것을 다시 되돌려 받

기 위해 모든 것을 희생하려 할 것이다. 이 사회는 돈으로 쓰이는 금
덩어리를 확보하기 위해 모든 노력과 시간과 물자를 희생하려 하기
때문에 경제활동은 둔화되어 실업이 증가하여 경기침체가 올 것이다.
이것은 화폐가 분할 가능해야 함을 의미한다. 즉 분할이라 함은 금덩
어리가 반으로 쪼개지는 것을 말하고 이는 화폐공급과 같은 의미가
된다.

따라서 화폐의 양은 너무 많아도 좋지 않고 너무 적어도 좋지 않은
최적상태가 되어야 한다. 즉 교환이 정상적으로 계속되도록 도와줄 만
큼만 있으면 된다. 그러나 정상적인 경제활동의 크기에 대한 정보가
있어야 그에 필요한 화폐량을 알 수가 있다. 실질적인 한 방법으로써
경제지표를 관찰하여 인플레이션이 발생하기 시작할 때 화폐공급을 줄
이고 실업이 발생할 때 화폐공급을 증가시키는 방법을 쓰게 된다. 이
러한 방식을 영국의 경제학자 케인즈(John Maynard Keynes)가 고
안한 후, 그것을 케인즈적 통화정책(Keynesian monetary policy)
이라고 불렀다. 그러나 화폐공급이 어떤 완전한 독단적인 요소, 즉 우
연히 산언덕에 존재하는 금의 양으로 결정된다면 필요한 양만큼 금을
공급하는 데 있어서 불균형은 없어질 것이다.

불충분한 화폐공급이 경기침체를 가져오는 것만은 아니다. 사람들
이 돈을 가지고는 있으나 쓰지 않을 때도 경기침체는 일어난다. 정상
적인 한 경제에서는 나의 지출이 상대방의 소득이 되고 상대방의 지
출은 나의 소득이 된다. 그러나 어떤 이유로 앞으로 어려움이 예상되
어 이를 극복하기 위해서 상대방이 저축을 하기로 했다고 하자. 이것
은 나에게 좋지 않은 결과를 가져다준다. 나의 소득은 상대방의 지출
에 달려 있기 때문이다. 그래서 나도 어려움을 극복하기 위해서 나의

돈을 가지고 있으면서 쓰지 않으려 한다. 그러면 상대방에게 불리하여 경제 활동의 저조, 실업의 증가, 경기침체가 오게 된다. 그 결과 케인즈적 통화확대정책이 요구된다. 즉, 소비자의 수중에 돈을 쥐어주고, 신뢰를 회복하고 다시 소비를 하도록 촉진시키라는 것이다. 그러나 금을 화폐로 하면 경제활동 수준에 맞는 화폐량의 공급을 조정할 필요가 없다는 주장이 있다. 즉, 화폐가치가 경제활동 수준에 맞게 자동적으로 조정된다는 것이다.

한 사회에 세 사람이 있다고 하자. 또한 이들이 금화 100단위를 갖고 있다고 하자. 이 100단위의 금화가 100단위의 일(work)을 담당한다고 하자. 그러면 한 덩어리의 빵이 5단위 일을 필요로 하게 되면 5단위 금화의 비용이 된다. 만약 이 경제가 120단위의 일을 생산하는 것으로 성장하면 이 새로운 경제활동에 조정하기 위한 화폐공급에는 두 가지 경로가 있다. 하나는 단순히 화폐공급을 20단위 증가시켜서 120단위의 금화를 갖게 하는 것이다.

다른 하나는 금화의 가치를 증가시키는 것이다. 이때, 추가 20단위의 일을 세 사람 중 어느 한 사람에 의해 생산된 것이라 하자. 그러면 이 한 사람은 새로운 물건을 두 사람에게 팔고자 하지만 돈이 충분하지 못해 구입을 할 수가 없다. 그러나 그들이 다른 물건의 가격을 낮추어서 인위적으로 돈을 창출하면 이 새로운 것을 구입할 수 있다. 예컨대 빵 한 덩어리는 5단위의 일을 요구하지만 그 가격을 금화 5단위에서 4단위로 낮추면 절약된 1단위는 새로운 물건의 구입에 사용될 수 있을 것이다. 다른 물건에서도 이러한 가격 하락이 있게되면 결국 20단위는 소비되어지게 된다. 이러한 과정을 디플레이션(deflation)이라 부른다.

가격은 이러한 경로로 인플레이션이 되거나 디플레이션이 된다. 문제는 이러한 과정이 현실적이지 못한 데 있다. 실제경제에 있어서는 가격은 경직적(sticky)이라는 것이다. 즉 변화에 대단히 저항적이라는 것이다. 적어도 상향 상승은 쉽지만 하향 하락은 지극히 경직적이다. 이러한 현상은 인플레이션 억제가 목표이면 좋은 것이나 실업이나 경기 침체 억제가 목표이면 좋지 않은 것이 된다.

가격 경직성에 대한 이유는 몇 가지가 있다. 첫째가 심리적인 것이다. 즉 사람들은 가격과 임금을 삭감하기를 싫어한다는 것이다. 또 하나는 월급과 임금은 계약에 의해 고정되는 경향이 있다. 또한 가격 인상은 일정비용을 수반한다. 예컨대 가격표의 재인쇄, 프로그램의 변경 등 메뉴 비용(menu costs)이 들기 때문에 소액 인상은 그럴 가치가 없게 된다. 뿐만 아니라 가격 변경을 결정했더라도 실행까지는 시간이 필요하게 된다. 고객에게 가격 인상 사실을 알릴 때까지는 시간이 경과하게 된다. 그러나 가장 큰 이유는 복잡한 경제현상에 관련된 것이다. 사람들은 재화가 언제 시장에서 과잉될지를 바로 깨닫지 못한다. 사람들이 그것을 인식하여 행위를 취하기 전에 과잉이 상당한 비율에 다다를 수 있다. 즉 가격의 민감성은 실제에 있어서 훨씬 둔화되어 나타난다.

가격의 경직성은 화폐가치가 변하는 경제사정에 느리게 적응한다는 의미이다. 그 결과 적절한 통화정책의 필요성이 대두하게 되고 실패한 사회는 고통을 강요받는다.

다음의 이야기는 현재의 통화제도에 대한 이해에 도움을 줄 것이다. 한 경제가 금화를 사용하여 시작한다고 하자. 금을 유통시키는 불리한 점은 대량구매 시에 무거운 금속의 많은 양을 끌고 다녀야 한다는 것이다. 그리고 도난으로부터 보호가 걱정일 수 있다. 그래서 사람들은 안전하게 금을 집중시키는 곳에 저장시키기로 결정할 수 있다. 이때 역할을 할 수 있는 것이 금장인(goldsmith)이다. 금장인은 이미 그의 다량의 금을 큰 금고에 보관하는 시설을 갖고 있기 때문에 금을 수령하고 누가 얼마만큼 소요한 것인지 기록을 하고 금 예치에 관하여 수령증을 발행할 수 있다. 그래서 금장인은 지금의 은행가와 같은 것이 된다. 금 소유자는 그들의 금을 인출하여 지출할 필요가 있으면 은행에 방문하여 금을 인출한다. 그러나 이러한 과정은 많은 시간과 노력이 낭비된다.

다른 방법으로, 사람들은 금을 제공하는 대신 금 수령증으로 재화를 구입할 수 있다. 금 수령증을 가진 재화 판매자는 새로운 소유자가 되고 필요하면 금장인을 방문해 금을 수령할 수 있다. 물론 새로운 금 수령증의 소유자는 다른 거래에 지불할 수 있고 그 결과 돈 대신 금 수령증을 유통시키기 시작한다. 그래서 지폐(paper money)가 탄생되는 셈이다.

이제 은행가가 나타나서 이러한 제도를 편리하게 한다. '당 은행이 이 증권의 소유자에게 요구에 따라 10단위의 금을 지불하겠음'이라는 약속서를 발행하여 제도의 발전을 가져온다. 이때 은행증권이 대신하는, 금화와 같은 은행권을 상품에 기초하기 때문에 상품화폐(commodity money)라 한다.

이러한 새로운 제도하에서 은행가들은 금을 요구하기 위해 그렇게 자주 방문하지 않는다는 사실을 깨닫게 된다. 그래서 번쩍이는 아이디어로 새로운 은행권을 인쇄하여 대부의 형태로 일반에게 발행하게 된다. 이 새로운 은행권은 실제 금 준비로 지지되고 있지 않는 것이다. 그러나 은행가는 그런 압박에서 벗어날 수 있다. 은행권 보유자의 일정 비율만이 금을 요구하기 위해 은행을 방문한다는 사실을 알기 때문이다. 이 은행권으로 인해 은행가는 금리를 취득하여 이익을 얻게 되고 차입자는 생산성 있는 일을 하게 되어 이익이 된다.

이제 은행은 일부 준비금(fractional reserve)으로 은행권을 발행할 것이고 은행 그 자체는 신용 있는 수탁자가 된다. 왜냐하면 사람들이 은행가는 그들의 인출을 부담할 수 있는 금 준비를 하고 있을 것이라고 믿기 때문이다. 은행권은 이제 더 이상 상품화폐가 아니라 신뢰(trust)를 의미하는 라틴어 'fide'에서 유래하여 신용화폐(fiduciary money)가 된다.

물론 너무 많은 사람이 한꺼번에 금을 요구하기 위해 몰려오면 은행가는 불행하게 된다. 그러나 경험은 3대 1정도의 비율로 금 보유율을 유지할 필요가 있음을 알게 될 것이고, 그 이상의 은행권은 인출에 대처하기 어렵게 된다. 그래도 어느 정도의 위험은 있다. 은행공황으로 인해 은행으로의 갑작스런 쇄도가 일어날 수 있다. 한 은행이 견실하지 못하다고 한다면 사람들은 겁을 먹고 금을 인출하기 시작한다. 이러한 현상이 일어나면 금 보유량이 줄어들고 그 결과 훨씬 더 큰 불안을 느끼고 보다 먼저 금을 인출하려는 소동으로 결국 은행이 파산되고 고객은 아무 가치 없는 은행권을 가지게 되는 악순환에 빠진다. 이러한 종류의 은행공황은 화폐공황으로 인해 화폐공급을 감소시키게 되는 효과를 가져와서 실업과 경기침체 나아가서 불황이 되게 한다.

신용화폐는 19C 초기에 유럽에서 광범위하게 채용되었으나 나폴레옹 전쟁기간 중에 영국은 전비조달에 어려움을 겪게 되어 영국 중앙은행이 신용화폐제도를 폐기하고 대신 법정불환지폐(fiat money)를 발행했다. 더 이상 화폐 가치는 금에 의해 결정되는 것이 아니라 정부명령(fiat)에 의해 결정되었다. 전후 영국은 금신용제도(fiduciary gold system)로 회복되었으나, 국제거래를 위한 대량 금이 아닌 한

은행권을 금으로 교환하는 것은 허용되지 않았다.

전시에 금본위제 금지는 그 후 1세기 동안 일반화되었고 남북전쟁 동안 미국은 금 태환을 정지시켰고 대신 불태환 달러(nonconvertible greenbacks)를 발행했다. 1차 대전 중 모든 교전국이 똑같은 길을 걸었다. 1821년에 영국이 완전한 금본위제를 전환시킨 첫 번째 나라가 되었다. 그때까지 많은 나라들이 금·은 복본위제를 사용했다. 1870년대는 미국과 유럽이 미국 서부의 대량 금 발견 이후 영국의 선례를 따랐다. 이때부터 1914년까지 세계는 통합화된 금본위제 하에서 운영되었는데 이 시대는 미국 소설가 마크 트웨인(Mark Twain)의 소설제목에서 유래된 금빛시대(Gilded Age)로 알려져 있다. 이 금빛시대는 초기 금본위제의 이로운 점과 불리한 점을 평가할 수 있는 기회를 제공해 준다. 대체적으로 이 시대를 배경으로 하면 금은 부자가 되는 한 수단으로 인식된다.

금의 가치가 일정 가격으로 고정되는 것이 이 시대의 특징이다. 예컨대 US $1가 순금 23.22그레인으로 정의되고 £1가 순금 113.00 그레인으로 정의되었다. 이것은 다시 말해서 한 나라의 화폐공급의 총가치가 금 준비의 규모에 의해서 결정된다는 것이었다. 나아가서 화폐가치가 금으로 고정된다는 것은 화폐의 국제교환율이 고정된다는 것이었다.

즉 세계는 단일의 통합된 통화제도하에 운영된다는 것이다. 그 결과 적어도 공식률에 의하면 £1=US$4.8665(113.00 / 23.22)라는 교환율이 결정된다. 실제 비율은 국제무역의 공급과 수요변화로 변동될 수 있다. 그러나 공식비율에서 지나치게 변동될 수 없음을 확인하는 제도를 마련했기 때문에, 기본적으로 안정된 환율을 유지할 수 있고 무역적자국은 직접 금으로 지불하여 화폐 간 교환율을 공식교환율로 유지시켰다.

이러한 금의 국제적 이동에 따른 경제적 결과는 약간 복잡하다. 예컨대 영국이 미국과의 무역에서 적자가 되어 즉각 금으로 지급되면 미국의 화폐공급은 확대되고 경제는 인플레이션과 성장을 경험하게 된다.

반대로 영국의 화폐공급은 축소된다. 따라서 이론적으로 보면 디플레이션이 되지만 가격의 하향경직성으로 인해 가격은 잘 떨어지지 않고 돈은 없기 때문에 수요가 축소되어 실업이 발생한다. 그러므로 금의 유출은 고통스런 결과를 가져온다. 그리고 금이 한 나라를 이탈한다고 느끼면 금이 바닥나기 전에 금을 인출하기 위해 은행으로 일시에 몰려든다. 따라서 금빛시대에 은행 공황과 은행 부도가 빈번하게 일어났다.

금빛시대는 1870년 초부터 1차 대전이 발발했을 때인 1914년까지 짧은 기간 동안 빛났다. 전시 중 거의 모든 나라들이 금 태환을 제한하거나 불태환지폐를 발행했다. 전후에는 최우선적 경제정책이 완전한 금본위제의 재창조였으나, 성공하기까지에는 수년이 소요되었다. 영국은 1925년에 금본위제를 회복했으나, 이전의 금 평가에 의해 파운드화의 가치를 미 달러 $4.86으로 고정시켰다. 그러나 이미 금 시세는 변하고 있었기 때문에 이 환율로는 파운드화가 지나치게 고평가되고 금은 저평가되는 결과를 가져왔다. 그 결과 영국의 금이 유출되자 디플레이션이 아니라 실업의 고통을 거의 십 년간이나 겪게 되었다.

1928년에는 세계 모든 주요통화와 나머지 통화 대부분이 금본위제로 회귀하게 된다. 그러나 다가온 대공황(Great Depression)이 금본위제의 불합리한 점을 고스란히 표출한 계기가 된다. 통합된 통화제도로 인해 다른 나라에서 일어난 경제적 재앙으로부터 자유로울 수 있는 나라는 없었다. 미국에서 일어난 공황은 대서양을 건너 유럽으로 전 세계로 파급되었다. 미국에서 10,000개 이상의 은행이 파산되어, 많은 사람들이 아무 가치 없는 은행증서를 갖게 됨으로써 화폐 공급의 3분 1정도가 축소되게 되었다.

루즈벨트 대통령이 1933년 취임 할 즈음 미국의 실업률은 거의 25%에 달했다. 그는 금융시장에 개입하여 더 이상의 인출을 방지하기 위해 8일간의 은행 업무 휴일(banking holiday)을 선언했다. 그간에 은행을 재정비해서 다시 영업을 했을 때는 예금이 인출을 초과하게 되어 어려움을 극복했다. 그 후 뉴딜(New Deal)에 의해 은행은 연방정부에 의해 보증이 되었다.

대공황 이후 1931년에 영국이 금본위제를 이탈한 데 이어서 1933년에 미국이 이탈함으로써 1937년에는 금본위제를 채택한 나라는 없게 된다. 2차 대전 후 미국이 국제무역에는 금본위제를 인정하여 부분적으로는 금본위제를 회복시켰으나 은행 공황을 방지하기 위하여 국내에는 금 태환을 금지시켰다. 1971년에는 감소하는 금 공급과 증가하는 적자로 국제무역에서도 금본위제를 정지시키는 결과를 가져왔다. 그 후 세계의 무역은 달러 혹은 기타 주요 지폐에 근거하여 이루어지고 오늘날에는 금본위제 회복은 정통파 경제학이 아닌 급격한 우파적인 주장으로 인정되고 있다.

– 금과 국제통화제도의 변천 –

금과 국제 통화제도의 관계는 결국 금본위제의 생성과 발전 그리고 붕괴라는 과정에서 국제통화제도가 어떻게 변천해 왔는가의 문제가 된다. 이것은 지금도 국제통화제도가 흔들릴 때마다 꾸준히 제기되고 있는 금본위제로의 복귀론에 어떤 진실의 의미가 있느냐, 그리고 앞으로 그 가능성은 어떠냐 하는 의문에 답하는 기초가 될 것이다. 왜냐하면 금의 역할과 국제통화제도의 변천은 불가분의 관계를 유지해왔기 때문이다.

〈표28〉 금과 국제통화제도의 변천

금본위제 생성기

1717	영국에서 화폐주조소 소장인 뉴턴(Isaac Newton)이 기니금화(Guinea)에 21실링(Shillings)의 법정가치를 부여하고 도량형 온스당(standard ounce)당 금의 주조가격을 77실링 10½펜스로 정하여 금본위제 시작하다.
1779	나폴레옹전쟁 중 영국 중앙은행이 금지급 일시정지하다.
1816	나폴레옹전쟁 후 1파운드 금화(Sovereign)를 도량형 1온스의 금 표준 단위로 하여 77실링 10½펜스로 하다.
1844	영국 중앙은행이 금 온스당 77실링 9펜스로 구입하는 것을 의무로 정하다.
1870~1900	중국 이외의 모든 주요국이 통화를 금에 연계시키는 금본위제로 전환시키고 복본위제 포기하다.
1913	미국연방준비제도 설립되어 발행권의 적어도 40%는 금에 의해 지지되도록 하다.
1917	미국 금 수출 금지하다.
1917	영국이 공식허가 없는 금 수출은 금지하다. 영국 금본위제도 이탈하다. 미국 금 수출 다시 허가하다. 런던 금 가격 결정 형성되다.
1925	영국 대전전의 평가인 £1=$4.86으로 금본위제로 되돌아가다.

금본위제 이후

1931	영국 금본위제 포기하다.
1933	미국 금 온스당 $20.67의 교환을 정지하고 금 수출, 금의 모든 거래, 민간보유 금지하다.
1934	대통령 포고에 의해 금 온스당 $35의 새로운 가격으로 달러와 금의 태환을 시작하다.
1936	미국, 영국, 프랑스, 3자 합의에 의해 그들 간의 통화로 금을 자유롭게 거래하도록 하다.
1939	런던 금시장 전쟁으로 폐쇄되다.
1944	브레튼우즈 회의(Bretton Woods Conference)가 전후 통화제도 기초를 마련하다. 온스당 $35의 금 태환율을 유지하고 다른 나라는 미국달러 단위로 고정(조정 가능함)시키는 금환본위제도(Gold Exchange Standard)를 형성하다.
1945	IMF협정문 발효되어 모든 회원국에 설정된 평가(par values)를 1944년 7월 1일의 달러의 금 가치에 기초하여, 즉 0.888671그램의 가치로 정하다.
1954	2차 대전 후 런던 금시장 재개장하다.
1961	벨기에, 프랑스, 독일, 이탈리아, 네덜란드, 스위스, 영국, 뉴욕 준비은행이 금 풀(gold pool)설립하다(프랑스 1967년 6월 탈퇴함). 회원국들은 런던 시장에서 평가 가치에 근접된 금 가격 유지를 위해서 런던 시장에서 금 판매를 하다(후에 다시 구입했다).
1967	파운드화를 $2.80에서 $2.40으로 평가 절하시키다. 이것이 달러에 압박을 주어 금 구입을 촉발시키다. 금풀제가 포기되고 이중가격시장(two-tier market)이 시작되다. 중앙은행은 공식가격으로 그들 간에만 거래하고 런던 등 기타 시장에서는 금 거래 중지하다. 그러나 민간부문에서는 변동 금 가격에 거래를 자유롭게 하다. 런던 금시장이 4월 1일 재개장되고 처음으로 미국 달러로 가격결정을 하다.

금본위제 이후

1967	5월 31일에는 IMF조문이 처음으로 수정되어 새로운 준비 자산인 특별인출권(SDR : Special Drawing Right)이 창조되어 정금 0.888751그램의 가치로 정하다(1944년 7월의 1 온스 / $35 가치와 동일한 것임).
1971	8월 15일에 달러와 금의 태환을 정지하다. 새로운 환율에 관한 스미스소니언협정(Smithsonian Agreement) 체결되다.
1972	정금 1온스당 $38로 달러화 평가절하 하다.
1973	미국이 2월에 정금 온스당 $42.22로 평가절하 계획하여 8월에 단행하다. 주요국 외환시장에서 개입중단하고 변동환율제도를 채택하다. 또한 금 이중가격제 공식적으로 폐지되다.
1975	미국이 지금까지 재무부의 허가에 의해서만 해오던 민간인의 금 구입, 판매, 소유에 대한 제한을 폐지하다. 1월에 처음으로 미국정부가 2백만 온스의 금을 경매하고 6월말에 다시 2차로 5십만 온스를 경매하다. 주요 선진 10개국과 스위스가 더 이상 금 가격을 고정시키는 노력을 하지 않기로 합의하고 IMF와 선진 10개국이 비축한 금 보유량을 더 이상 증가하지 않다. IMF임시위원회는 자체 금보유의 3분의1인 5천만 온스를 처분하는 데 동의하다. 2천5백만 톤은 저소득 회원에게 무료대부(concessional loans)의 확대를 위해 신탁기금(Trust Fund)에 충당되고 나머지 반은 공식가격으로 회원국에 되돌려 주었다.(IMF가 보유한 금은 각국이 부담하는 기금 중 일정비율을 금으로 부담한 부분으로 비축된 것이다.)
1976	처음으로 IMF의 금경매가 되다.
1978	2차 IMF협정문의 수정이 효력을 발생하여 국제통화제도에서 금의 공식적 역할(formal role)은 사라지다. 5월에는 미국의 금경매가 시작되다.

1979	유럽통화제도(EMS : European Monetary System)가 창설되어 이러한 환율협정에 참여하는 나라는 의무적으로 유럽통화협력기금(European Monetary Cooperation Fund)과 분기별로 금과 미 달러 준비자산의 20%를 상호 스왑(swap)하도록 했다. 11월에는 최종 내국 금경매가 이루어져서 앞서의 경매와 더불어 약 530톤이 판매된다.
1980	마지막 IMF 금 경매가 이루어지다. 2천5백만 온스(=778톤)가 평균가격 $240로 판매되다(최저 $109, 최고 $712)
1982	미국 금위원회가 의회에 보고서를 제출하여 2억6천4백만 온스의 공식보유는 유지되어야 함을 보고하다.
1985	통화에 대한 플라자협정(Plaza Agreement)이 체결되다.
1987	통화에 관한 루브르협정(Louvre Accord)이 체결되다.
1992	마스트리트(Maastricht)에서 EU에 관한 협정체결하다. 이 협정에 1999년 1월까지 EMU(Economic and Monetary Union : 단일통화)를 진행하도록 하는 규정을 포함하고 있다. 이 규정은 ECB(European Central Bank)에 의해 지휘되는 ESCB(European System of Central Banks)로 각국 중앙은행을 전환시키기 위한 것이다. 이를 위해 ECB는 참여국들에게 금과 외화준비자산으로 5백만 ECU(£5백만)의 최초 금액을 요청하게 되다. 금을 포함한 외화자산의 관리는 ECB 이사회에 의해 규정된 지침에 따르게 된다.
1998	오스트리아, 벨기에, 핀란드, 프랑스, 독일, 아일랜드, 이탈리아, 룩셈부르크, 네덜란드, 포르투갈, 스페인이 EMU에 참여자로 확인됨. 7월에 ECB의 운영이사회(Governing Council)는 1999년 정초에 인도하기로 되어 있는 최초 준비자산 3천9백5십만 유로의 15%는 금으로 되어야 한다는 결정을 하다.
1999	ECB의 준비자산 중 15%는 금으로 구성되어 EMU(European Monetary Union)시작하다. 11월에 CBGA(Central Bank Gold Agreement)가 발표되고, 15개 유럽중앙은행(EMU 11개 은행과 ECB, 스웨덴, 스위스, 영국중앙은행)이 금이 세계통화 준비의 중요한 요소로 유지될 것임을 선언하다.

- 금, 종이 금 그리고 IMF -

금은 1973년 고정환율제도의 브레튼우즈 체제 붕괴 때까지는 국제 통화제도에서 중요한 역할을 했다. 그 후 금의 역할은 점차 감소되었 다. 그러나 여러 나라에서 준비자산으로써 금은 여전히 중요한 자산이 되고 있다. 그리고 IMF는 세계에서 최대의 금 보유자이기도 하다.

IMF는 지정된 보관소에 1억3백4십만 온스(3,217톤)의 금을 보 유하고 있다. IMF의 금 보유는 당시의 비용(historical cost)으로 5백 9십만 SDR(약 9십억 달러)로 평가되고 2005년 2월 28일 현 재의 시장가격으로 4백5십억 달러에 해당된다.

IMF의 금 확보는 원래의 IMF협정문에 따른 4가지 주요 거래형 태를 통해 이루어졌다.

첫째, 원래의 규정은 최초 쿼타 불입금(quota subscriptions)과 그 후의 쿼타 증가의 25%는 금으로 지불되도록 규정하고 있었다. 이것이 IMF의 금 공급의 최대 경로이다. 둘째, 모든 부과금, 즉 IMF신용의 이용에 따른 금리와 같은 것은 정상적으로는 금으로 되 어졌다. 셋째, 다른 회원국의 통화를 구매하고자 하는 회원국은 IMF 에 금을 판매하여 해당 통화를 획득한다. 이러한 규정의 주요 이용은 최대 금 생산국인 남아프리카에서 IMF에 금 판매 거래에 의해 이루 어진다. 끝으로 회원국에 이미 공여된 IMF여신을 상환할 때 금 거 래가 이루어진다.

1978년 4월 IMF협정의 2차 수정에 의해 2차 대전 후 환율제도 의 공통의 기준으로써 금을 사용하는 것을 폐지하였다. 또한 공식 금 가격을 철폐하고 IMF와 회원 간의 거래에서 의무적인 사용을 폐지 했다. 나아가서 금 거래를 할 때 IMF가격을 관리하거나 고정된 가격을 설정하지 말도록 했다.

현재는 협정상으로 IMF의 운영이나 거래에 금을 사용하는 것을 제한하고 있다. IMF는 현재의 시장가격에 따라 공공연하게 금을 판매할 수 있다. 그리고 의무가 아닌 현재 가격에 기초하여 합의된 가격에서 수령을 수락한 때에만 금을 수령하게 된다. 이러한 금 거래는 회원국 투표권자(voting power)의 85% 찬성을 요건으로 한다. 이제 IMF는 기타 공식 대부(lòan), 임대 (lease), 스왑, 담보 등의 거래에 개입하는 권한이 없고, 금을 구입할 권한도 없다. IMF의 금정책은 다음 원칙에 의해서 통제되고 있다.

☐ IMF의 공식자산이 저평가 되면 금이 재무제표에 기초적 힘을 제공한다. IMF금의 이동은 전반적인 금융상태를 악화시키는 것을 회피한다.

☐ IMF는 자산 중에서 상대적으로 많은 금을 계속 보유해야 한다. 그것은 만전을 기한다는 이유 이외에 예측할 수 없는 장래의 우연한 사건에 대응하기 위한 것이다.

☐ IMF는 금시장의 기능에 와해를 가져오는 원인을 제거할 제도적 책임을 갖는다.

☐ 금 판매로부터 발생되는 이익은 투자자금을 창조할 가능성이 있을 때만 사용되어야 하고 단지 소득만이 사용되어야 한다.

한편 IMF금 보유량의 유출은 원래의 규정하에서 통화와 교환으로 금을 판매하거나 보수의 지불, 금리 지불 등을 통하여 일어난다. 협정의 2차 수정안 후는 금 유출은 공개적인 판매를 통해서만 발생된다. 다음과 같은 거래들이 이에 속한다.

☐ IMF는 통화의 보유를 재보충하기 위해서 1957~70년 사이

몇 차례 금을 판매하였다.

☐ IMF는 1970~71년 사이 남아프리카로부터 이 기간 중에 구입한 양과 대체로 같은 양을 회원국들에게 판매하였다.

☐ 운영상의 적자를 상쇄시키기 위해 소득발생의 자금으로 이용할 목적으로 IMF금이 1956~72년 사이 미국에 판매되었고 수익금은 미국정부 증권에 투자되었다.

☐ 국제금융제도에서 금의 역할을 감소시킨다는 IMF회원국들의 합의에 따라 1976~80년 사이 당시 금 보유량의 대략 3분의1에 해당하는 5천만 온스를 판매하였다. 이 중 반은 당시 공식가격인 온스당 35SDR로 회원국들에게 반환 판매(restoration sales)로 팔렸고, 나머지 반은 저소득국에 무료 대부를 지원하기 위해 시장에 공개입찰로 경매되었다.

☐ 1999년 12월에 IMF집행위원회(Executive Board)는 중채무빈국 구제안(Heavily Indebted Poor Countries Initiation : HIPC)에 참여하기 위한 자금조달 목적으로 1천4백1만 온스에 달하는 금을 비시장거래(off-market transactions) 하도록 했다.

1999~2000년 사이에 총 1천2백9십 온스에 달하는 거래가 IMF와 브라질 및 멕시코 사이에 수행되었다. 첫 번째 조치로 IMF는 시장가격으로 회원국에 금을 판매하고 수익금은 HIPC 안을 위해 투자되는 특별계정에 맡겨졌다.

두 번째 단계로 IMF는 동일한 가격에 동일한 양의 금을 회원국의 금융상의 채무 청산으로 즉시 반환받는다. 이러한 거래의 결과 IMF의 실물적 금 보유량은 변하지 않게 된다.

금의 국제 준비자산으로서의 역할이 비록 퇴색되긴 했지만 여전히 달러와 더불어 주요한 준비자산을 형성하고 있다. 실물금이 높이 평가됨으로써 과거의 역사가 금을 창조하려는 연금술사를 창조하였듯이 화폐로서의 금의 역할이 강조되었던 시대적 배경은 종이 금(Paper gold)이라는 대체 수단을 고안하도록 했다. IMF에 의해 창조된 특별인출권(Special Drawing Right : SDR)이 일명 종이금(=지금 : 紙金)이라 불린다.

SDR은 회원국의 공적 준비자산을 보완하기 위하여 1969에 IMF에 의해 창조되어, IMF쿼타의 비율에 따라 회원국에 배분된다. SDR은 IMF와 다른 국제기구와의 계산단위로 사용되며, 브레튼우즈 고정환율제도와 관계가 있다. 이 제도에 참여하는 국가의 정부 측 중앙은행은 금과 통용력 있는 외화를 공적 준비자산으로 보유하여야 할 필요가 있게 된다. 이 공적 자산은 환율의 유지를 위해서 필요하다면 세계 외환시장에서 국내통화를 구입하는 데 사용하게 된다. 그러나 확대되는 세계무역과 증가하는 금융거래를 감당하기에는 금과 달러라는 두 가지 주요 준비자산으로서는 부족하게 되었다. 따라서 국제금융사회는 IMF의 감독하에 새로운 국제준비자산을 창조하기로 했다. 그 결과 탄생된 것이 금을 대신하는 SDR이다.

그러나 수년 후 브레튼우즈 체제는 붕괴되고 주요 통화들이 변동환율제도(floating exchange rate regime)로 바뀌게 되었다. 또한 국제자본시장의 성장은 신뢰 있는 정부라면 차입이 편리하도록 되었다. 이러한 두 가지 사태 진전은 SDR의 필요성을 감소시켰다.

오늘날 SDR은 준비자산으로서 제한된 사용을 하고 있고, 주요기능은 IMF와 기타 기구와의 계산 단위로 쓰인다. SDR은 통화도 아니고 IMF에 대한 청구권도 아니다. 그것은 IMF회원국의 자유 유통통화에 대한 잠재청구권(potential claim)이다. SDR보유자는 두 가지 경로로 자유 유통통화를 획득할 수 있다.

첫째는 회원국 간에 자발적인 교환합의로 SDR과 통화를 교환한다.

둘째는 IMF가 취약한 대외상태(weak external position)인 국가로부터 SDR을 구입하도록 강한 대외상태(strong external position)를 가진 나라를 지정하는 경로이다.

SDR의 가치는 최초에는 0.888671g의 정금(fine gold)으로 했고 이것은 당시 미국 $1와 같은 것이었다. 1973년 브레튼우즈 체제 붕괴 이후 SDR은 통화의 바구니(basket)로써 재정의하였다. 통화의 바구니에 들어가는 통화는 유로, 엔, 파운드, 달러의 4개 통화이다. SDR의 달러 가치는 매일의 런던시장 정오에 산정된 환율을 기초로 하여 4개 통화의 미국 달러 금액의 일정액을 합한 것이 된다. 바구니의 구성은 세계 무역과 금융제도에서 통화의 상대적 중요성을 반영하기 위해 매 5년마다 검토되어 왔다. 최근에는 2000년에 있었기 때문에 2005년에 있었고, 다음 검토 차례는 2010년이 된다.

SDR의 금리는 정규 IMF대부에서 회원국에 부과되는 금리를 계산하는 기초가 된다. 이는 또한 SDR보유에 따른 회원국에 부과되거나 지급되는 금리, 쿼타 기금의 부분만큼의 회원국에 지불되는 금리의 기초를 이룬다. SDR금리는 SDR바구니에 포함되는 통화의 단기 금융시장(money market)의 단기 부채의 대표금리의 가중평균에 기초하여 매주 결정된다.

규정에 따라 IMF는 회원의 IMF쿼타 비율에 따라 회원국에 SDR을 배분할 수 있다. 그러한 배분은 금리수입 혹은 지출을 수반하지 않는 비용 없는 자산(costless asset)을 형성한다.

그러나 만약 1개국이 SDR 보유가 배분 이상으로 증가하면 초과

분에 대해 금리를 받게 되고 반대로 배분보다 적게 가지면 부족분에 대해 금리를 지급한다. 한편 IMF는 자신에게 SDR을 배분할 수 없으며 회원국에 배분하는데, 배분방법은 두 가지가 있다.

첫째는, 일반 배분(general allocation)인데 이는 현존 준비자산을 보완하기 위한 세계적 필요에 따른 것이다. 일반 배분은 매 5년마다 검토되지만, 그간 단 2회 실제 배분이 있었다. 1970~72년 사이 총 9십3만 SDR의 배분과 1979~81년 사이 배분과 더불어 2백1십4만 SDR의 배분이 있었다.

두 번째, 특별 1회 배분(special one-time allocation)에 대한 승인이 있었다. 이는 1997년 11월에 각국 금융대표자회의인 IMF 총재위원회(board governors)에 의해 승인된 이 배분은 일반 SDR의 누적액의 2배인 4천2백8십만 SDR이었다. 이의 의도는 SDR 참여국에 같은 기준에 따른 기회부여와 1981년 이후에 가입하여 (IMF 회원국의 5분의 1이상) SDR 배분을 받지 못한 나라들에 기회를 주기로 한 것이었다.

최근의 금 가격
상승 배경과 전망

9. 최근의 금 가격 상승 배경과 전망

- 세계적 금시장 강세와 배경 -

이 글을 쓰고 있을 즈음인 2006년 1월 국제 금 가격은 온스당 $500에서 $540 사이에서 등락을 하고 있어 18년 만에 처음으로 $500가 깨졌고 24년만의 최고치를 기록했다. 이러한 현상은 전통적으로 달러에 의해 지배되어 온 금시세 변화의 연결고리에 이상이 있음을 보여주고 있는 명백한 신호가 된다.

다음 〈표29〉, 〈표30〉에서 1971년 8월 온스당 $35의 금 태환이 포기된 후, 1970년에 금의 대강세가 있었고 1987년에 온스당 $500대로 상승한 이래 2005년 11월29일에 온스당 $500가 깨졌다. 그리고 1970년대 말의 $700에 육박한 이래 처음으로 최고치를 보여주고 있다.

〈표 29〉금 연평균 가격(US$, £)

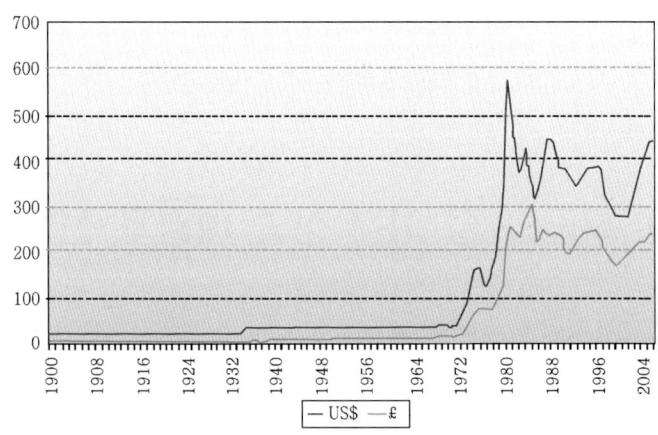

자료 : kitco. 2005.

〈표30〉런던 금 가격(온스당 달러, 런던 오후 결정가격)

1971년1월~2004년1월

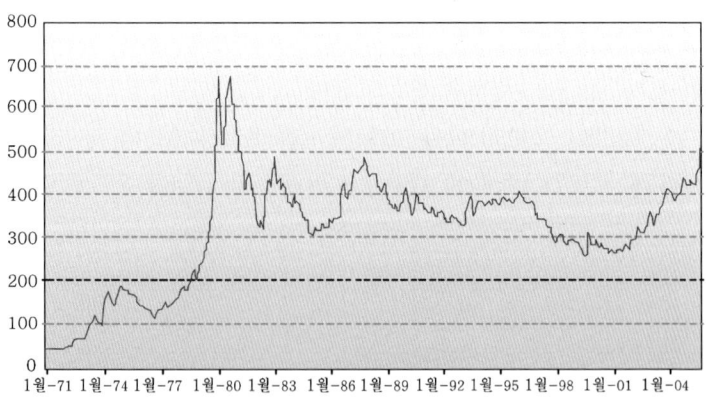

자료 : World Gold Council, 2006.

〈표31〉 최근 10년간 금 가격($USD)

1996년1월9일~2006년1월6일

자료 : kitco, 2006

〈표32〉 최근 일 년 간 금 가격($USD)

2005년1월7일~2006년1월6일

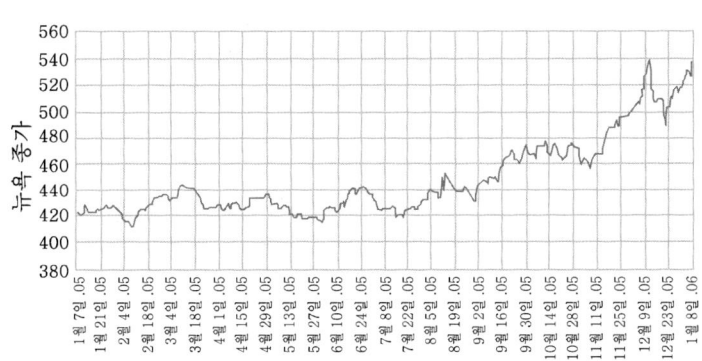

자료 : kitco, 2006.

또한 같은 표에서 금 시세 상승은 2001년 이후 꾸준히 증가해 왔
으나 〈표31〉, 〈표32〉에서 급격한 변화는 2005년 하반기 이후에 나

타나고 있음을 알 수 있다. 금 시세 상승은 금 관련 주식의 상승으로
이어져 〈표33〉에서 2006년 1월 30일 현재 16개의 금광회사를 포함
하고 있는 골드버그 지수(HUI 지수) 역시 최근에 급등하고 있음을
보여주고 있다.

〈표33〉 HUI 금 관련 주가지수 변화

2005년 7월 8일~2006년 1월 6일

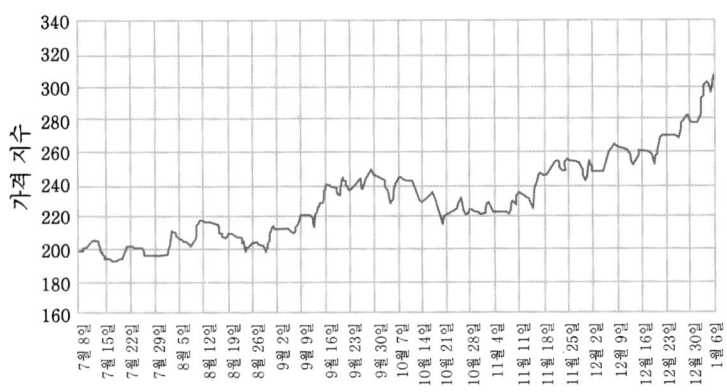

자료 : kitco, 2006.

이러한 최근의 금시장 강세의 배경은 여러 가지 원인이 있으나 다
음과 같이 요약해 볼 수 있다.

첫째, 유가를 비롯한 에너지 비용증가로 인한 인플레이션에 대한
걱정이 금에 대한 관심을 증가시켰다. 경제적 정치적 불확실성이 높
을 때 금에 대한 관심이 높아짐으로써 금에 투자 하는 현상을 안전
대피적 투자(safe haven investment)라고 한다. 최근까지 달러시
세 하락 시에 금의 투자자 증가하여 금시세가 상승한 결과로 나타나

는 전통적 투자 형태는 이러한 범주에 속한다.

둘째, 금 채광 공급의 감소가 금 가격 상승의 원인이 될 수 있다. 예컨대 최대의 금 생산국인 남아프리카, 오스트레일리아, 미국 등 세 나라의 금 생산이 2000년에서 2004년까지 20%나 감소되었다. 〈표 34〉에서 2004년 전체 공급량 중에서 채광 생산에 의한 공급이 약 70%가 되어 금 공급의 대부분은 채광생산에 의존하고 있다. 다음으 로 이전에 생산된 금의 환원(recycling)에 의한 2차 공급(second supply)에 의한 것인데 이중에서 환원금의 최대 공급원은 보석이고, 그 다음이 중앙은행에 의한 시장을 통한 판매이다. 산업용의 재생과 순 투자의 회수(implied net dis-investment)순으로 이어진다. 채광생산이 2004년에 전년대비 5% 감소로 나타나고 공적 부문 판매에 의한 공급이 23% 감소하였다. 폐금의 형태로 공급된 것 역시 12% 감소하여 총 14%의 금 공급 감소가 있었다.

〈표34〉 세계 금 공급 및 수요량(톤)

	2002년	2003년	2004년	전년대비 2004년 증감
공 급				
채광생산	2,589	2,593	2,461	-5
순생산자 헤징	-412	-270	-427	…
총채광생산	2,177	2,322	2,035	-12
공적부문판매	545	617	475	-23
기존폐금	835	939	829	-12
총 공 급	3,557	3,879	3,338	-14

	2002년	2003년	2004년	전년대비 2004년 증감
수 요				
보석제작용	2,656	2,477	2,613	5
산업및 치과	357	380	409	8
제작용소계	3,013	2,857	3,022	6
금괴및 경화소매투자	387	310	391	26
기타소매	-48	-18	-49	…
ETFs 및 유사품	3	39	133	237
총 수 요	3,355	3,188	3,499	10
잉 여 량	202	691	-160	…
런던오후결정가($/온스)	309.68	363.32	409.17	12.6%

자료 : 〈표13〉및 〈표22〉와 동일

　결국 금 공급 부족이 금시장의 불균형으로 이어져 2004년에는 160톤의 금 부족을 가져와 금 시세 상승의 한 원인이 되었다. 앞서의 〈표21〉을 다시 한 번 활용하면 최근 수십 년간 채광된 금의 공급이 증가하는 금 수요에 미치지 못함을 알 수 있다. 이는 바로 금시장 불균형의 직접적인 원인이 되고 금시장이 강세가 될 수밖에 없다는 것이다. 또한 앞서 본 〈표7〉의 금 생산 사이클 면에서 지금은 2009년을 최저점으로 하는 생산 감소 사이클에 놓여 있음을 보았다. 따라서 시장의 수요에 미치지 못하는 공급, 특히 채광 생산 공급의 부족은 구조적으로 금시장 강세의 원인이 될 수밖에 없다.

　최근 금시장 강세의 배경에는 셋째로, 전체적인 금 수요의 증가를 그 원인으로 들 수 있다. 그 내용을 좀 더 살펴보면 아래와 같다.

① 지난 20년간 각국 중앙은행들과 IMF가 금의 순 매출자였으나 러시아, 아르헨티나, 남아프리카의 중앙은행들이 준비자산에서 금의 비율을 높이려는 움직임을 보이고 있는 것이 금 시세 상승의 한 요인이 되고 있다. 앞서 공적 준비자산으로서의 금의 역할에 대해 제시된 〈표27〉에서 2002년까지 공적 준비자산에서 금의 비율은 감소해 왔으나 〈표34〉에서 2004년에 공적 준비자산의 판매가 23%나 감소되어 오히려 공적 보유금의 비율이 높아지는 것을 보여주고 있다.

② 금 보석류에 대한 수요가 2005년도에 크게 증가하였다. 보석류 금의 수요는 전체 세계의 4분의 3을 차지하고, 〈표35〉에서 보여주는 바와 같이 2004년 말 지상금 재고의 51%가 보석금의 형태로 존재하고 최근 5년간 수요의 평균 70%가 보석금이다.

〈표 35〉 보석금 비율

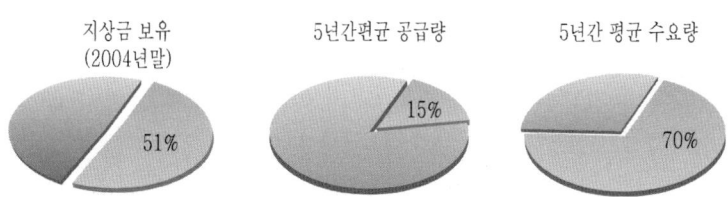

지상금 보유
(2004년말)

5년간편균 공급량

5년간 평균 수요량

51%

15%

70%

자료 : World Gold Council, 2006.

〈표36〉 보석금 수요 변화 (톤, $)

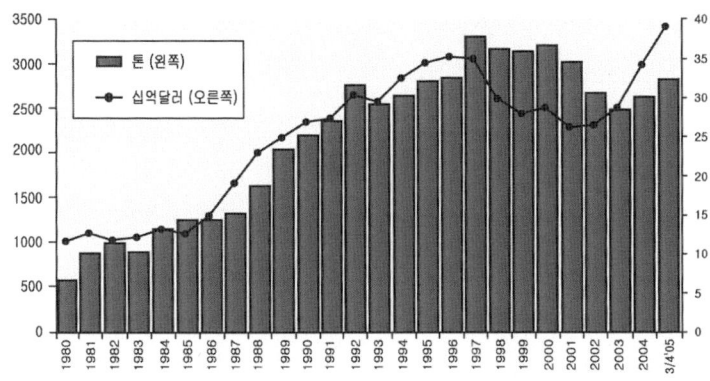

자료 : 〈표15〉의 수정

전체 수요 중에서 비율이 높은 보석금 수요의 절대량 및 금액이 〈표36〉에서 2003년 이후 증가세를 보이고 있는 것은 최근의 급격한 금 시세 상승의 한 요인이 되고 있다.

③ 최근의 가장 뚜렷한 현상 중의 하나가 중동지역의 수요증가이다. 중동의 전체수요 증가, 특히 사우디아라비아의 금 투자 수요 증가가 두드러진다. 전체적으로 중동지역의 투자수요가 높은 것은 유가 상승에 의한 소득을 금에 투자한 결과이다.

④ 아시아를 중심으로 중앙은행들이 미국 재무부의 달러표시 채권 혹은 유로화 준비자산의 비율을 줄이고 금의 보유 비율을 높이려는 전략 때문에 금 수요를 자극하고 있다.

⑤ 산업용 금의 수요 증가가 한 요인이다.

넷째, 아시아 제국의 부상(rise)이 한 원인이 되고 있다. 오늘날의 세계 경제성장의 중심은 극동으로 옮겨가고 있다. 금을 둘러싼 잔인한 역사를 상기한 것인지는 몰라도 케인즈가 말한 야만인의 유물(barbaric relic)로 세뇌된 서구인들과는 달리 아시아의 문화는 여전히 실물금(physical gold)에 강한 애호를 갖고 있다. 예컨대 인도 가정은 다양한 금보석 형태의 부를 저장하고 있다.

아시아의 일반인과 투자자들이 점점 부유해지고 전통적 금애호가들이 투자를 다양화함에 따라 실물금으로 유입되는 자금이 크게 증가될 것이다. 또한 아시아 노동자들이 풍요해짐에 따라 일인당 금 투자 수요는 지금보다 훨씬 증가할 전망이다.

달러시세와 상관없이 투자하는 비반대거래자(non-contraians)가 평균적으로 1% 미만인데 비해 지금도 아시아인들은 평균 10%~20% 정도가 금에 투자하고 있다. 아시아는 현재 최대의 금 수요지역이고 만약 앞으로 미국 주식과 미국 채권에 도피된 자본(flight capital)이 금으로 전환되면 금시장에 큰 파장을 주게 될 것이다.

- 금 강세 시장의 진행 과정 -

이전의 예에서 보면 장기적인 금 강세(secular bulls)는 투자자들의 수요증가에 의해 견인되는 뚜렷이 구별되는 3단계(three distinct stages)를 갖는다. 이러한 과정의 분석에서 지금의 금시장 강세에 대한 어떤 함축된 의미를 발견할 수 있을 것이다. 여기서 장기(secular)

라는 말은 한 시대에서 다음 시대까지 계속되는 장기간에 걸친 어떤 시장(market)의 추세를 말한다. 예컨대 1970년의 금 대강세(great gold bulls)는 1970년부터 1980년대 초까지 십년간 계속되었다. 적어도 3년 이상 지속될 때 장기적 추세(secular trend)라는 표현이 가능하고 그 이하이면 늘 일어나는 주기적 추세(cyclical trend)라고 봐야 한다. 최근 금시장 강세가 2001년 4월에서 시작하여 3년 이상 지속되었기 때문에 최근의 금시장의 결과는 주기적이라기보다는 장기적 추세로 봐야 한다.

장기적 추세에서 중요한 것은 기본요소(fundamentals)이고 그중에서도 바로 수요와 공급에 의한 가격변화가 장기적 시장추세를 결정한다. 금의 경우는 공급이 2가지 경로를 통해 이루어진다. 앞서도 말했지만 채광생산이라는 1차 공급에, 이전에 구입한 금을 다시 판매하는 2차 공급이 더해진다. 금은 그 화학적 특성상 파괴가 되지 않기 때문에 2차 공급이 무시될 수 없다. 물론 거의 70% 정도가 채광생산으로 공급된다. 채광생산은 탄광에서부터 최종생산 단계까지 여러 가지의 금 채광상의 어려움으로 생산·공급이 가격에 대단히 비탄력적이다. 그래서 시장에 영향을 주는 것은 민간이 재판매하는 2차 공급이 훨씬 민감하다.

금수요의 경우 크게 중앙은행 통제와 민간 통제로 나눌 수 있는데 중앙은행이 보유하고 있는 금은 전체 약 20%인 반면 민간 보유금은 80% 정도가 된다. 결국 금의 운명을 결정하는 것은 민간 수요자 혹은 투자자들에 달려 있다. 전 세계의 일반인들이 금을 판매하거나 구매하는 경향이 금시장 변화에 결정적으로 중요한 것이다.

상품의 경우는, 가격이 낮을수록 특정상품의 수요가 증가한다는 것이 정상적이다. 그래서 표준적인 우하향의 수요곡선이 나온다. 그러나 금의 경우는 그것이 최종수요라 하더라도 금 투자의 성격이 다분히 포함되어 있기 때문에 다른 대부분의 투자와 같은 성격을 갖게 된다. 투자세계에서는 투자대상의 가격이 높을수록 더 큰 수요가 있게 된다. 높은 가격이 수요를 억제하는 것이 아니라 수요를 증가시킨다.

다시 말해, 금 가격이 높을수록 더 많은 잠재투자가들이 수익에 대한 기대가 크게 되고 더 많은 수요에 따른 한계투자 수요는 금 가격을 더 인상시킬 것이다. 이러한 투자수요는 순순환(virtuous circle)효과를 갖게 되어 금의 강세가 금의 강세를 낳게 된다.

전체적으로 세계금의 80%를 수요로 하는 민간부문의 수요증가는 생산 부문과 중앙은행이 보유한 공적 부문의 영향을 압도하기 때문에 장기적인 금의 게임은 민간 투자자에 의해 전개된다. 세계적인 금 투자수요는 금의 가격이 상승될 때 증가하고, 금의 가격을 조종하는 것은 민간투자자들이라는 두 가지 사실은 다음 내용을 이해하는 데 중요하다. 이러한 금의 수요·공급의 기본 틀을 사용하여 순수한 금 투자수요 성격에 따라 금시장 변천과정을 3단계로 분리할 수 있다.

지난 1970년대 금 대강세 기간에 금 강세의 궤적이 정형적인 타원형(parabolic shape)의 형태를 이루고 있었다. 최고정점에 이르기까지 금 시세는 지속적으로 증가하되 가속적으로 상승하는 모양의 궤적을 갖게 된다. 〈표37〉에서 화살표 타원궤적이 보여주는 바와 같이 강세가 시작되는 초기에는 거의 인식할 수 없을 만큼 미미하다. 중간기에 크게 상승하고 최종기에 깜짝 놀랄 만큼 폭증한다.

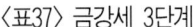

〈표37〉 금강세 3단계

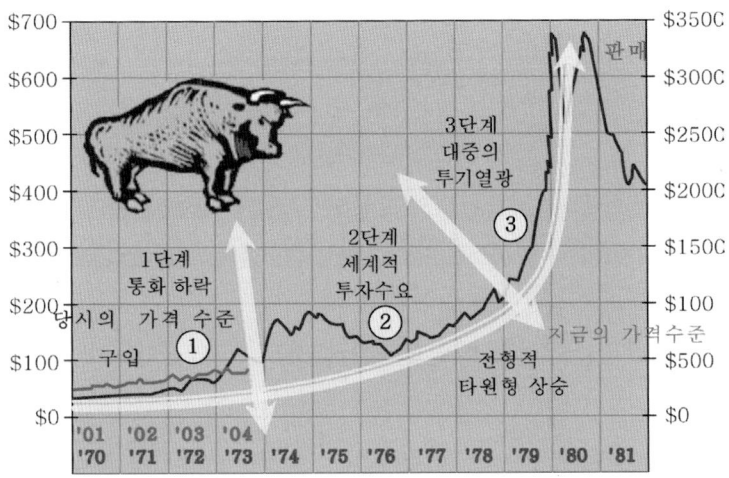

자료 : Hamilton Adam, Gold Bulls' Three Stages, Zeaillc, September 3, 2004.

①, ②, ③을 따라가는 변동선은 왼쪽의 금 가격 수준을 따른 1970년대 금 대강세 궤적이다. 이러한 결과는 월별평균이기 때문에 특정일에 이보다 높은 가격형성은 나타나지 않아 다소 과소평가된다. 예컨대 1980년 1월에 잠깐 동안 최고 온스당 $850까지 상승한 것은 그림에서 나타나지 않는다.

우측의 금 가격수준에 따라 2001년부터 2004년까지의 궤적을 보면 대체로 이전의 타원형 상승곡선을 따라가고 있다. 지금의 추세대로라면 1970년대 궤적을 따라갈 것이고 그러면 2010년이 끝나기 전에 온스당 수천 달러까지 치솟게 된다. 여기서 중요한 것은 변화하는 투자수요의 모습(investment demand profiles)이다. 앞서 말한 투자가격이 높아지면 더 많은 수요가 있게 되고 긍정적 피드백 연결고리가 생성되기 때문에 가속적 금 가격 증가로 나타난다.

금은 최종적으로 화폐대용이고 1단계에서는 다른 통화처럼 거래된다. 1단계에서 완만한 증가를 보이는 것은 최초에 금이 인상되는 것은 주로 세계의 투자대상이 되는 유력한 통화(dominant currency)의 가치하락(depeciation or devaluation)에 기인한 것이다. 예컨대 최근 수년간 달러 약세가 곪아왔고, 그 결과 1970년 초기의 달러 감퇴 때처럼 금이 투자의 대안이었다.

따라서 달러가 낮게 형성되면 투자대상이 금이 되기 때문에 금의 시세는 올라간다. 1단계는 이러한 통화 연결 단계이기 때문에 세계 지배통화의 가치 하락으로 금시세의 판단이 가능하게 된다. 2001년 4월의 금 강세의 이익은 달러가치 하락의 손실에 의한 것이다.

초기 1단계의 강세는 지배 통화의 가치하락을 겪는 나라에 통화와는 반대로 거래하는 반대거래자(contrarian investment)에게만 명백하게 나타나기 때문에 전체적인 투자 수요는 저조한 편이다. 초기에는 장기적인 기간에 걸쳐 서서히 강세가 일어나기 때문에 대다수의 사람은 인식하지 못하고 관심을 가진 핵심 반대거래자만이 알아차리고 강세를 믿게 된다. 전체 시장규모에 비해 반대거래자들이 지배하는 총자금은 크지 않기 때문에 통화가치 하락에 근거한 금의 구매는 미미하고 아주 완만한 상승곡선을 나타낸다.

이제 1단계의 3~4년이 지나면 2단계(stage two)가 오는데 이 단계는 지배통화의 하락과 금의 강세라는 연결로부터 차차 탈교(decoupling)되는 계기가 일어난다. 2005년 말이 다가옴에 따라 달러의 하락에 연유한 범위를 벗어난 금 가격 인상이 나타나게 되어 1단계와는 아주 다른 현상이 일어났다. 달러와 무관하게 금 자체가 갖는 이점을 염두에 둔 투자가 일어날 수 있는 여지를 남기게 되고 이것은 세계 각처

의 투자자들에게 금 투자의 이익이 달러 하락을 상쇄하고도 남는다는
인식을 전파하게 된다. 전 세계 투자자들의 자금이 금으로 이동되고
포물선의 기울기는 가파르게 상승한다. 이 단계는 금 투자 이익이 달
러 손실을 능가하기 시작하기 때문에 세계 모든 통화로 측정된 금 가
격은 상승한다.

　당연히 세계 모든 지역의 투자자들이 금 투자를 수용한다. 투자자
금이 증가하면 아마도 가속적으로 증가하는 타원곡선을 이루게 될 것
이다. 물론 더 빠르게 증가하면 더 많은 투자자금을 유입할 것이기
때문에 가속적 상승은 2단계의 투자 이익을 크게 확대한다. 2006년
을 시작하는 지금은 적어도 현재까지의 추세로 보면 제 2단계에 들어
가고 있다. 이는 아마도 다음에 이어지는 그림에서도 확인하게 될 것이
다. 5년 전후의 2단계 지속이 끝나면 3단계로 이어질 것이다. 3단계는
세계 여러 곳의 일반인들이 금 투자에 관심을 갖게 되어 평소의 투자
계층(usual investment class)의 범주를 벗어난 일반대중(general
public)이 많은 자금을 금으로 이동시킨다. 당연히 가격은 빠르게 상
승하고 수직 상승은 장기간 지속될 수 없기 때문에 12개월 혹은 18
개월 이내에 거품의 파열이 일어난다. 3단계에서는 초기 1단계부터
열광적인 3단계까지 전 기간 투자해온 반대거래자들에게는 매혹적인
기간이 될 것이다.

　예측이 빗나갈 수도 있지만 현재의 금시세 상승의 배경에서 볼 때
쉽게 금시장이 진정될 것 같지는 않다는 점에서 2010년이 다가오면
3단계의 완성이 다가올 수 있다. 3단계는 큰 이익을 보장하지만 수
직상승은 파티가 곧 끝날 것이라는 신호를 함께 내포하고 있다.
1970년대와 비슷한 경로를 따르고 만약 일반대중이 투자를 넘어 투
기적 열광으로 나아간다면 온스당 최고 \$3,500까지도 진행될 수 있

다는 것이다. 물론 이것은 극단적인 예이다. 또한 이러한 결과는 전적으로 세계적 투자수요의 변화에 의존한 예측이다. 다음 〈표38〉에서 1단계에서 2단계로 전환되는 과정을 관찰해 보면 2단계로, 적어도 지금까지는 점점 나아가고 있음을 알 수 있다.

- 금의 달러화로부터의 탈교 -

　다음의 그림은 달러와 금의 20일간의 수익률의 변화를 나타낸 것이다. 1개월은 대략 20일의 거래일자를 포함하고 있기 때문에 그림은 월별 수익률(rolling-month returns)을 나타내는 그림이 된다. 이 그림은 대략 언제쯤부터 금과 달러의 연결고리가 깨어지는 2단계로 진입되고 있는가를 판단할 수 있도록 해준다.

　1단계에서는 금과 달러가 거의 고정된 반대방향으로 이동되어 만약 달러가 지난 20일간 3% 상승했다면 금이 3% 하락했을 것으로 추정된다. 실로 이것은 적어도 그림에 나타난 범위에서 2004년 1월부터 5월 사이에 달러 의존적인 반대거래자의 행위가 금 시세를 지배하고 있었던 기간이다. 2005년 6월에 그간 유로화로 온스당 £350라는, 오랫동안 유지된 상한선이 무너지면서 심리적 마지노선(psychological maginotline)이 붕괴되는 일이 일어났다. 지속적으로 서로 상반되게 이동됨을 의미하는 금과 달러의 강한 음의 상관관계(strong negative correlation)가 역전되어 양의 상관관계가 나타나기 시작했다.

〈표38〉 금과 달러의 20일간 수익률(2005년)

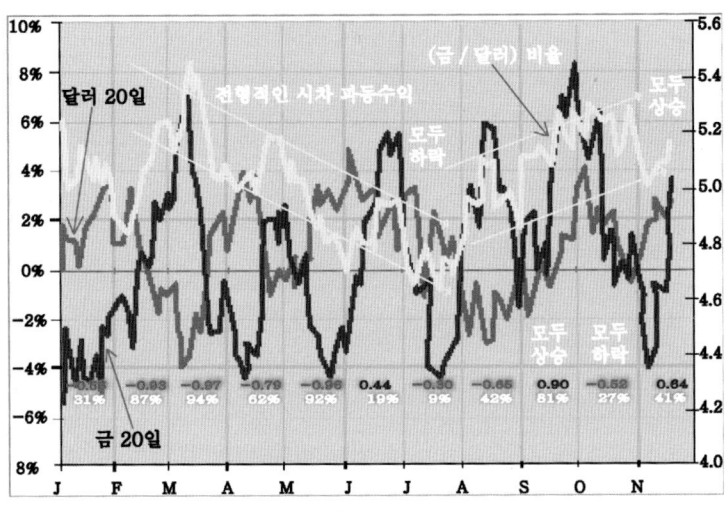

자료 : Hamilton Adam, Gold Bulls' Three Stages, Zeaillc, September 3, 2004.

2005년 5월까지는 금과 달러의 가격변화에 따른 수익의 변화를 20일 이동평균으로 나타내보면 서로 간에 반대방향으로 움직인다는 것이 확고하다. 여기서 20일로 한 것은 매월 20일 혹은 21일 정도 의 거래일이 있다는 데 근거한 것이다. 6월에는 전형적인 반대방향 이동이 아니라 달러 20일 수익의 감소보다 금 20일 수익이 더 빠르 게 증가했다. 7월에는 양자 모두 하락했다. 9월에 양자 모두 증가했 고, 10월에 다시 모두 떨어졌으며 11월에는 양자 모두 증가했다. 월 별 상관계수(correlation coefficients)와 r-스퀘어(r-square)값 이 표에 나타나 있다.

아래쪽 윗줄의 상관계수는 양자의 이동방향을 나타내주기 때문에 음의 값을 가지면 금과 달러의 변화방향이 서로 다르다는 의미이고,

음의 값이 계속된다는 것은 1단계의 특징을 갖고 있다는 것이 된다. 한편 상관계수가 양의 값을 갖게 되면 금과 달러의 변화방향이 같다는 것이고 달러의 하락이 금의 상승을 유인하는 1단계의 특성과는 다르다는 것이다. 양의 값을 갖는 경우에는 고유의 가치에 따라 그 값이 변화되는 2단계에 진입되고 있음을 의미한다. 두 번째 줄의 r-스퀘어의 값은 금과 달러 각각의 변화 행위가 서로 간에 통계적으로 관련성을 갖고 있느냐 하는 것을 설명하고 예측하는 정도를 나타내 주는 것으로 100%에 가까우면 연관성이 높다는 것이고 0%에 가까우면 금과 달러의 변화 행위는 연관성이 없음을 말한다.

이들 상관계수와 r-스퀘어 값은 20일의 수익에 따라 계산된 것이 아니라 매일매일 금과 달러의 가격에 따라 계산된 것으로, 1월에서 5월까지는 높은 음의 상관계수로 평균은 63%가 되고 r-스퀘어의 평균은 70%되어 달러가 금을 지배하고 있는(dollar-dominated gold) 기간 내에 있다. 6월의 상관계수 0.44는 크지도 않을뿐더러 고정관념의 음의 값도 아니고, 19% r-스퀘어 값은 금의 값이 달러의 값과는 별개로 결정되고 있음을 말해준다. 이 시기는 2단계가 시작되고 있음을 의미한다.

6월에 경로의 큰 변화가 있은 후 두 달 더 양의 상관관계를 갖게 되는데 9월에는 상관계수가 0.90으로 4월보다는 훨씬 높게 나타나고 있고 11월에 0.64로 다시 주춤거리고 있다. 이 3개월의 r-스퀘어 평균은 47%로 2단계로 진입되는 초기단계임을 보여준다. 7월 8월 10월에는 지금까지의 1단계인 음의 상관계수로 나타나고 있지만 하반기가 상반기에 비해 낮다. 이들 3개월의 평균 26%는 상반기 73%와는 큰 격차를 보여주고 있다. 분명히 금은 달러에서 이탈되고 있음을 입증하고 있다. 금이 달러 통제에서 이탈되고 있음에도 가끔은 음의 상관계가 나타나서 1단계의 특성인 금과 달러의 변화가 반대로 움직이는 현상을 보이고 있는 것은 단계별 전진이 순간적으로 일어나는 것이 아니라 점진적으로 진행된다는 것을 말해주고 있다.

이 시기부터는 금의 시세가 반대거래자에 의해 결정되는 것이 아니라 금 자체의 이점을 취하기 위하여 거래하는 투자자(investors)와 투기자(speculators)에 의해 조종된다는 것이다. 지난 4년간 예외 없이 금은 달러의 행운과는 반대였다. 거래자들은 자연스럽게 달러 약세일 때 금의 강세를 예상해 왔다. 이러한 오랜 관성은 그간 세계 금시장의 불문율로 되어왔기 때문에 아직도 이 패러다임(paradigm)은 부분적으로 작용하고 있다. 점진적으로 거래자들이 새로운 2단계로 전환되고 있음을 깨닫기 시작할 것이다. 이 기간이 지나면 1단계 사고방식(Stage One mindsets)을 가진 숫자는 줄어들고 2단계 대중(Stage Two crowd)은 증가할 것이다. 시장의 참여자의 대다수가 금이 달러에서 완전히 이탈되어 금 자체의 기본적 이점(fundamental merits)에 따라 등락을 하며 금 자기 나름대로 거래가 이루어진다는 사실을 받아들일 때 2단계는 완성될 것이다.

지금으로서는 그 시기가 정확히 언제가 될 것인가는 말하기 어렵지만 만약 이전의 금 대강세의 추세대로라면 2006년 혹은 2007년부터 수년간에 확립되게 되어 있다. 사실 전환기의 기간을 측정하는 것은 상당히 어려운 문제이다. 여기서 제시된 최근의 금 변화 방향에 관한 분석이 짧은 기간의 변화 내용이기 때문에 앞으로 계속해서 이러한 금이 달러로부터의 탈교현상이 계속되면 금이 완전히 달러로부터 독립적으로 거래된다는 결론에 도달할 것이다. 상관관계 분석이 금과 달러의 확고한 반대 방향으로의 이동이 정지되고 양자가 독립적으로 이동하는 경향이 확립되면 상관관계 분석은 의미를 잃게 될 것이다.

2단계의 확립은 음의 관계에서 양의 관계로의 전환이 아니라, 음의 관계에서 관계없음(no correlations)으로의 완전 전환을 의미한다.

다음의 그림은 금과 달러의 각각 200일의 이동평균(moving average)의 반락(correction : 한쪽이 상승하면 다른 쪽이 하락하여 중화시키는 현상)을 나타내어 상대적인 달러에 대한 상대적인 금의 시세를 비교한 것이다. 여기에 나타난 값은 금과 달러를 각각 자신의 이동평균으로 나누어, 배수로 하여 나타내었다. 따라서 어떤 날의 금 시세 혹은 달러 시세가 평균에서 몇 배 정도 변동되었는가의 추세를 나타낸 것이다. 2005년 봄까지 금과 달러는 공통의 200일의 이동평균 1의 값에서 대체를 질서 있게 금과 달러의 상승과 하락이 반대의 방향으로 움직이고 있음을 알 수 있다.

〈표39〉 금과 달러 상대적 시세변동

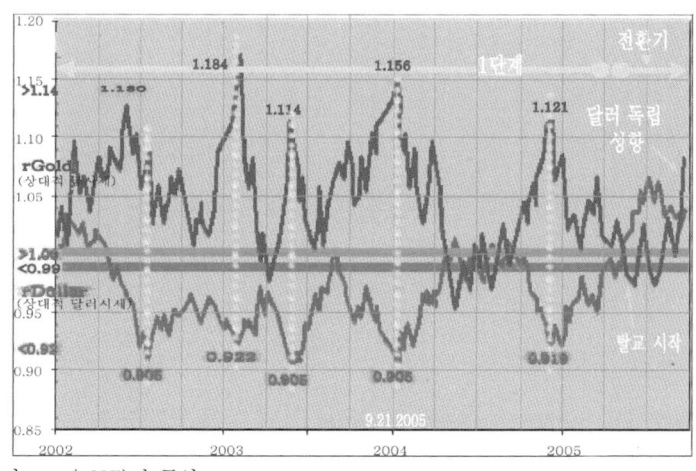

자료 : 〈표37〉과 동일

〈표39〉에서 2005년 봄 이후에는 달러가 1이상으로 상승하자 금이 초기에는 하락을 보이다가 더 이상의 하락을 거부한 채 동반상승의 경향을 보이고 있다. 그 후 2005년이 저물어감에 따라 금 시세는 24년만의 최고치를 향해 치닫고 있다. 이러한 현상은 1단계에서는 관찰되기 어려운 특징을 보인 것이다. 물론 짧은 기간의 관찰로 명확한 결론을 내리는 위험이 있기는 하지만 분명 금과 달러의 탈교 현상이 일어나고 있음은 분명한 것 같다. 지금의 추세를 따르면 2단계의 수년이 지나고 2010년이 다가옴에 따라 금 가격은 상승하게 되어 있고 금 투자의 시기는 빠르면 빠를수록 좋고, 3단계의 폭등은 12~18개월의 짧은 기간 동안 생존할 것이기 때문에 거품의 파열에 민첩하게 대응해야 할 것이다.

에 필 로 그

　금은 그 독특한 물리적 화학적 성질로 인해서 상상하기 힘든 시간
의 흐름을 거치면서도 부와 권력과 아름다움을 창조하려는 인간의 욕
망을 끝없이 자극해 왔다. 뿐만 아니라 화폐로서 사용된 물질 중에서
금만큼 오랜 생명을 유지한 것은 없다. 비록 그것이 시대와 환경에
따라서 그 역할의 범위와 크기에 변화가 있기는 했지만 아득한 옛날
부터 인류역사와 함께 해온 금은 각국 중앙은행과 화폐와 관련된 국
제기구의 금고 속에서 모습을 감춘 채 위기 상황이 있을 때 쓰일 준
비자산으로서의 기능을 묵묵히 수행하고 있다. 나아가서 앞으로 하이
테크 분야와 같은 산업용과 의료 분야 등에 쓰이는 금의 가치는 새롭
게 시작되는 금의 영역이 될 것이므로 금에 대한 이야기는 다가오는
시간에도 끝없이 이어질 것이다.

　콜럼버스가 금을 가지면 영혼조차도 천국으로 인도할 수 있다고 말
할 만큼 소중한 것이 금이었던 때도 있었다. 지금은 권력과 부와 신
성함과 아름다움의 상징으로서 그 가치가 다소 퇴색되긴 했지만 그렇
다고 완전하게 가치가 상실된 것 또한 아니다. 그래서 우리는 러스킨
(Ruskin)의 이야기에서 시간과 공간의 제약을 초월하는 한 교훈을
얻을 수 있다. '전 재산을 금화로 바꾸어 커다란 자루에 담아 배를
탄 한 사람이 있었다. 항해를 시작한 지 며칠 만에 끔찍한 폭풍이 몰
아쳐 배를 포기해야 할 형편이 되자, 허리에 자루를 차고 갑판으로

올라가 배 밖으로 뛰어내렸다. 즉시 그는 바다 밑으로 가라앉아 버렸다. 그가 가라앉았을 때 그가 금을 가진 것인가? 금이 그를 가진 것인가?'. 이 이야기가 아니라 할지라도 우리는 평범함 속에 진리를 간직한 교훈을 얻는다. 금은 언제나 목적이 아니라 수단이라는 것이다.

화폐용 금으로서 중앙은행 혹은 돈과 관련된 국제기구의 금고 속에 감추어진 것 역시 준비자산 포트폴리오의 한 부분일 뿐 그것이 전부일 수는 없다. 다만 준비자산 통화로서의 지위가 파운드에서 달러화로 혹은 유로화의 등장이라는 변천을 겪으면서도 금의 지위가 끈질기게 유지되고 있는 것은 금 자체의 신비로움 때문이다.

돈은 우리가 필요로 하고 원하는 것과의 교환을 위한 수단으로서의 그 기능이 최고의 가치가 있는 것처럼, 준비자산으로 쓰이는 화폐용 금은 수단으로서만이 진정한 의미가 있을 것이다. 또한 금은 아름다움과 치장을 위한 수단, 부를 축적하기 위한 투자의 한 수단, 의료용으로 쓰일 때 건강을 회복하기 위한 하나의 수단이어야 한다.

수단의 잘못된 선택으로 국가가 경제적 위기에 놓이게 될 때, 잘못된 포트폴리오 구성에 대해 후회하는 일도 있을 것이다. 금을 둘러싼 다른 많은 분야에서도 잘못된 선택은 멸망의 길이 될 수 있다. 이 책은 황금에 투자하여 일확천금을 얻을 수 있는 지름길을 찾고자 한 것이 아니라, 황금을 둘러싼 신비로운 비밀을 벗겨 독자에게 교훈과 지혜를 얻는 실마리가 되고자 하는 것에 목적을 두었다. 독자에게 그러한 저자의 노력이 전해졌다면 그것은 독자의 사려 깊은 이해의 덕분이지만, 의도의 전달에 어려움이 있었다면 그것은 순전히 저자의 책임이 될 것이다.

용 어

앞서 말한 바와 같이 금은화폐용과 치장용, 산업용, 의료용 등 다양하게 사용되지만, 특히 금융자산으로 거래되는 또 다른 독특성이 있기 때문에 금시장에서 사용되는 특별한 용어가 등장한다. 다음은 중요한 금시장 용어를 정리한 것이다.

01. 강세 (Bull)	황소의 특성이 뿔로 들어올리는 데서 유래하여 가격 상승을 예상할 때 쓰는 말이다.
02. 개주 (Restrike)	이미 발행된 경화의 새로운 복제(replica)를 말한다.
03. 거치청산 (Deferred settlement)	지금 시장의 계약에 대한 청산(지불)이 일간으로 지연되는 것이다.
04. 거치현물 (Spot deferred)	계약 만기가 됨에 따라 선도 계약이 재협상 될 수 있도록 된 조건. 따라서 사전에 인도일이 결정될 수 없고 계약 만기일이 되면 새로운 이익률로 재계약한다. 그러나 편리한 점은 사전에 결정된 가장 긴 기간 내에 종료되도록 정해져 있다.
05. 검증각인 (Hallmark)	금괴의 생산자, 제품번호, 순도 등을 나타내는 표시이다.
06. 결제일 (Settlement date)	인도와 지불이 계획된 계약상의 일자이다. 지금 시장의 현물 결제는 협상타결 후 2일 이내이다.
07. 고전화폐 (Numismatic)	금 함량의 고유가치를 넘어서 희소성, 아름다움, 상태에 따라 가치가 결정되는 경화이다. 일반적으로 고전 경화는 지금형 경화(bullion coins)보다 높은 프리미엄이 붙는다.

08. 그레인 (Grain)	금을 측정한 최초 무게단위의 하나로 1grain=0.0648g 이다.
09. 금 가격결정 (Fix)	금 가격결정은 런던의 NM Rothschild의 사무실에서 매일 2회 결정된다. 금 가격결정의 다섯 회원이 런던시간 오전 10 : 30과 오후 3 : 00에 만나서 시도가격(trying price)으로 시작한다. 회원대표들은 자신들의 회사거래소(dealing rooms)에 전화로 중계하고 회사중계소는 많은 지금 딜러(bullion dealers) 혹은 고객들과 연결되어 있어서 그들의 구매와 판매의 수준에 따라 가격이 결정되는 과정에서 얼마만큼의 금속을 거래할지를 표명한다. 딜러는 자신들의 고객과 접촉의 결과, 언제든지 주문을 변경, 추가, 취소시킬 수 있다. 결국 딜러에 의해 표명된 포지션은 그들 모든 고객간에 청산되지 않는 순 포지션(net positions)이다. 예컨대 한 은행이 2톤의 금을 구입하기를 원하는 고객과 1톤의 금을 팔기를 원하는 고객을 동시에 확보하고 있으면, 딜러는 1톤의 구매자가 된다. 각각의 금 가격 결정회원은 순 포지션 입장에서 모든 이해관계자의 대표로써, 순구매자, 순판매자로서 얼마만큼 거래할지를 표명한다. 때에 따라서는 균형상태(in balance)가 되면 가격결정과정에 개입을 하지 않게 된다. 만약 요구하는 금이 제공되는 금보다 많아서 불균형(out of balance)상태에 놓이면 균형달성 때까지 가격이 상향조정되고 반대가 되면 하향조정이 된다. 다시 말해서 균형상태에서 가격이 결정된다. 매우 드물게 의장의 재량에 의해 불균형상태의 가격결정이 이루어질 때도 있다. 따라서 가격결정은 공개적으로 이루어지기 때문에 시장의 참여자는 자기은행을 통해서 언제든지 참여할 수 있다.
10. 금괴 (Bar)	거래용과 비축용에 있어서 전형적인 금제품이다. 금괴는 다양한 종류의 무게와 순도를 갖고서 지역에 따라 다른 종류의 금괴가 선호된다.

11. 금론 (Gold Loan)	금이 지금은행(bullion bank)으로부터 차입되어 일반적으로 금 채광 운영비를 조달하기 위해 현금 조달 목적으로 시장에 판매되는 금융메커니즘이다. 금속이 계약기간 후에는 상환되지만, 이자는 당사자의 합의에 따라 금 혹은 달러로 지불된다.
12. 금본위 (Gold Standard)	통화제도가 금과의 태환에 기초하는 것으로, 지폐는 금으로 지지되고 금으로 상호교환이 가능하다
13. 금선도제시율 (GOFO)	The Gold Offered Forward Rate로써 딜러가 금을 미 달러화로 대여하는 일종의 대여세이다.
14. 뉴욕상품거래소 (COMEX)	뉴욕상업거래소(New York Mercantile Exchange)의 한 부서인 뉴욕상품거래소(New York Commodity Exchange)로서 COMEX 금시장에서의 계약은 각각 100온스이고, 정규적 거래계약은 짝수 월에만 있다.
15. 델타 헤징 (Delta hedging)	옵션의 공여자가 위험을 극소화하기 위해 수행하는 거래. 따라서 가격이 오르면 콜옵션의 공여자는 구매자로써 시장에 참여할 것이고 가격이 내리면 풋옵션의 양도자가 시장에 참여할 것이다.
16. 런던지금시장위원회 (LBMA)	The London Bullion Market Association이다. 회원행위와 기타 지금시장 참여자를 조정하는 조정자의 역할을 대변하고, 시장의 규제자 사이의 중요한 접촉점을 이룬다.
17. 미결제거래 (Open interest)	어떤 선물계약에서 미결제된 거래의 수를 말한다.
18. 배분계정 (Account-allocated)	고객이 구입한 금괴가 고객에게 물리적(실질적)으로 인도되어 확인되는 계정으로 고객은 금속보유은행의 안전채권자(secured creditor)가 되지만 보관료를 지불해야 한다.
19. 법화 (Legal tender)	법화란 국가통화당국이 교환의 매개수단으로 인수될 수 있음을 선언한 경화 혹은 통화를 말한다. 또한 채무변제의 수단으로 수령될 수 있음을 선언한 것이다.

20. 변화 (Delta)	기초자산의 가격변화에 따른 옵션가격변화의 크기를 말한다.
21. 보증서 (Warrant)	특정은행 혹은 증권사에 의해 발행된 증권화된 제품이고 통상발행자의 이름이 표시된다. 구매자에게 정해진 날짜에 정해진 가격에 금을 사는 권리를 부여하기 때문에 옵션과 유사하다. 그러나 옵션은 일반적 수단이며 특정회사에 한정되지 않는다는 점에 차이가 있다.
22. 비배분계정 (Account-unallocated)	고객의 금괴가 구체적으로 제한되지 않아 물리적 인도를 수반하지 않는 거래계정으로 보관료가 회피되므로 배분계정보다 저렴하다.
23. 상품선물 거래위원회(CFTC)	선물시장을 관리하는 미국의 상품선물거래위원회 (Commodity Futures Trading Commission)이다.
24. 선물 (Futures)	선물계약은 증거금(margin)으로 거래하여 고객과 장래에 교환하기로 하는 거래이다. 즉 기초계약 가치의 일정비율을 예치함으로써 이루어지는 것으로, 일반적으로 교환소에서 집중적으로 청산되고 본인 대 본인거래는 포함되지 않는다.
25. 선물계약 (Lot)	선물계약이 거래단위가 정해져 있다는 의미에 선물계약의 대용어이다. 원래 의미는 '묶음'으로 이루어진 것을 의미한다.
26. 손실정지 (Stop Loss)	가격이 특정수준에 다다르면 포지션(구매하는 long position, 판매하는 short position)을 취하여 손실을 봉쇄하게 될 주문. 그러한 거래는 최대노력(best efforts)으로 수행된다. 만약 시장이 빠르게 이동되면 특정가격에 거래된다는 보증을 할 수가 없다.
27. 순일변 (Contango)	선행일자의 자산가격이 근접일자의 가격을 초과하면 두 날짜 사이에 순일변이 존재한다고 말한다.

28. 스테일불 (Stale Bull)	투기자가 가격상승을 예측하여 상품이나 여러 거래수단을 구입했으나 예상이 빗나가서 실망한 투기자가 판매하는 것이다.
29. 시금 (Assay)	금속의 순도를 검사하는 것이다.
30. 시장경쟁자 (Market Maker)	상대에게 구입가격(bid prices), 판매가격(offer prices)을 정하고 그 가격에서 거래할 준비가 되어 있는 딜러가 시장을 결정할 참여자이다.
31. 시장한계 (Mark to market)	현재 가격수준으로써 오픈포지션의 가치를 말한다.
32. 실물교환 (EFP)	문제의 선물시장이 폐쇄되었을 때 실물시장을 통해 선물계약을 시작하거나 종결하도록 고객에게 허용해주는 메커니즘으로 'Exchange for physical'을 말한다. 딜러는 런던시장에서 고객을 위해 거래하고 거래소가 개설되면 선물시장 포지션과 대체한다. 현물과 선물계약 가격 차이를 종종'EFP(실물교환)'이라고도 한다.
33. 액면가치 (Face value)	법정경화 혹은 통화에 주요 명목가치이다.
34. 약세 (Bear)	곰의 특성이 발톱으로 긁어내리는 데서 유래하여 가격하락을 예상할 때 쓰는 말이다.
35. 양호인도 (Good delivery)	금괴가 일정시장에서 인수되거나 교환되기 위해서 일치하여야만 하는 구체적 명세이다. 런던 지금 시장의 양호인도는 국제적으로 공인된 양호인도의 기준이 된다. 런던의 양호인도 조건은 금괴의 무게가 350온스와 430온스 사이여야 하고 최소 순도 99.5%(two nines five)이어야 한다.
36. 역일변 (Backwardation)	선행일자의 자산가격이 보다 가까운 날짜의 가격보다 낮은 경우 두 날짜 간에 역일변이라고 한다. 예컨대 9월 1일의 금 가격이 트로이온스 당 $425이고 8월 1일의 금 가격이 트로이온스 당 $430이면 역일변이라 한다.

37. 옵션 : 선택권 (Option)	옵션계약은 콜옵션(call option)이면 옵션, 즉 선택권의 구매자에게 구입권리를 인정하고 구입의무는 부과하지 않으며, 풋옵션(put option)이면 옵션 즉 선택권의 구매자에게 파는 권리를 인정하는 것이다. 옵션은 4가지 가능한 방법이 있다. 첫째 콜옵션을 구매하여 기초자산(예컨대 금)을 구매하는 권리를 취득할 수 있다. 둘째 콜옵션을 판매하여 기초 자산을 취득하는 권리를 양도할 수 있다. 셋째 풋옵션을 구매하여 기초자산의 판매권을 취득할 수 있다. 넷째 풋옵션을 판매하여 기초자산을 판매하는 권리를 양도할 수 있다. 이때 정해진 가격, 즉 권리행사가격(strike price)에 정해진 날짜 또는 그 이전에 권리행사를 할 수 있다. 미국방식은 계약만기일 전에 권리행사를 할 수 있고 유럽방식은 만기일자에만 권리행사 할 수 있다. 만약 기초자산가격이 권리행사 가격보다 높으면 안전한 상태(in the money, 혹은 내가격)라고 하고 만약 가격이 행사가격보다 낮으면 불완전상태(out of money, 혹은 외가격)라 한다. 풋옵션의 경우는 반대가 된다. 만약 기초자산가격이 시행되고 있는 가격과 같으면 동등가격(at the money)이라고 한다. 옵션의 판매자를 '발행자(writer)' 혹은 '양도자(grantor)'라고도 한다. 옵션서명자는 자산 혹은 자산의 이면자금을 보유하지 않고 옵션발행을 했을 때 보증 없는 포지션(naked position)을 갖게 된다.
38. 위탁비축 (Consignment stocks)	지금의 딜러는 고객의 약속에 의해 위탁으로 금을 보유할 수 있다. 고객이 금을 인출하고 당시의 가격으로 지불할 때까지는 딜러의 재산이 된다. 고객이 구입하고 인도를 받을 때까지 딜러가 현지은행에 금을 보유할 수도 있다.
39. 유동성 (Liquidity)	가치의 큰 상실 없이도 현금으로 즉시 전환시킬 수 있는 금융수단의 우수성을 의미한다.

40. 인도 (Delivery)	판매자로부터 구매자에게 자산의 이전이 되는 것, 반드시 실물적 수송뿐만 아니라 정해진 금고 속에 금이 보관된 상태에서 서류상으로만 인도될 수도 있다.
41. 라크 (Lakh)	100,000을 의미하는 인도어에서 유래된 거래단위이다. 때로 Lac으로도 표시된다.
42. 점두거래 (OTC)	Over The Counter거래 혹은 본인계약을 말한다.
43. 제한주문 (Limit order)	특정한 가격에서만 거래가 실행되도록 고객에 의해 지정된 주문으로 해당주문이 특정가격 혹은 보다 나은 가격이 되면 유효하도록 연동되어 있는 것이다.
44. 증서 (Certificates)	금 증서는 금의 인도 없이 금을 보유하는 한 방법이다. 개별은행에 의해서 발행되면 고객의 편익을 위해 은행이 금속을 보유하고 개인의 소유를 은행이 확인한 것이다. 따라서 고객은 보관과 안전문제를 해결하고 보관자에게 전화에 의해 보유금의 일부를 판매할 수 있어 유동성을 확보하게 된다.
45. 증거금 (Margin)	선물(futures), 선도(forward), 옵션(option)계약의 시작 전에 맡겨 두어야 하는 예치금이다.
46. 증거금요청 (Margin Call)	현재의 오픈포지션(open position : 반대거래를 통한 위험방지 헤징을 하지 않고 있는 상태)이 자기에게 불리하게 될 때 고객이 제공한 증거자금을 요청하는 것이다. 종종 증거금은 계약상태에 따라 손실의 정도를 나타내는 금액이 된다.
47. 지금 (Bullion)	라틴어 'bullio'. 끓는다는(boiling) 프랑스어 'bouillion'으로부터 유래된 것으로, 원래의 의미는 용해소(melting place)를 의미했으나 995의 순도와 정련상태가 된 금봉(bars), 금박편(wafers), 주괴(ingots)를 총칭한다. 'dore', 'zoo'로 불리기도 한다.

48. 지금형 금화 (Bullion coin)	시장가격이 희소성이나 액면가액에 따라 결정되는 것이 아니라 금의 함량에 따라 결정된 법정화폐인 경화(legal tender coin)이다.
49. 책정 혹은 호가 (Bid / ask)	bid(책정)는 'buy'라고도 하며 금지금에 대해 딜러가 지불준비가 된 가격. ask(호가)는 'sell'이라고도 하며 판매자에 의해 제시된 가격이다.
50. 캐럿 (Karat)	1에서 24까지의 품위(fineness)의 단위로 24karat는 적어도 1,000분의 999의 품위를 가져야 한다.
51. 킬로금괴 (Kilo bar)	kg으로 표시된 금괴로 약32.1507온스의 무게를 갖는다.
52. 트로이온스 (Troy ounce)	국제시장에서 금의 가격이 결정될 때 31.1035g을 나타내는 표준무게이다. 중세시대에 무역박람회가 매년 개최된 프랑스의 'Troyes'시 이름에 유래된 것이 무게 단위가 되었다.
53. 페니웨이트 (Pennyweight)	금에 있어서 미국의 중량 단위로 20페니웨이트가 1온스가 된다.
54. 폭 (Spread)	구매자가 금 대가를 지불할 준비가 된 가격인'책정가(bid)'와 판매자의 '호가(ask)' 간의 차이를 말한다.
55. 품위 (Fineness)	일반적으로 천분위수로 나타낸 금의 순도, 따라서 995 즉'two nines five'는 1,000분의 995 혹은 99.5%순도이다. 995는 금의 '양호인도(good delivery)'가 결정되었던 당시에는 제조될 수 있는 최고 순도였으나 오늘날에는 기술발전으로 99.9999%(six nines)의 순도까지도 가능하다.
56. 합금 (Dorè)	금과 은의 합금으로 금 채광에서 얻어진 중간제이다.
57. 현물가격 (Spot price)	금의 즉각인도조건의 실물시장에서의 현재 가격으로 가끔 현금 가격(cash price)이라고도 한다.
58. 현장도조건 (Loco)	금이 놓여 있고 인도가격이 적용될 수 있는 현장을 말한다. 런던이 전 세계적인 공통의 기준점이고 금과 은의 국제거래와 청산의 기준을 대표한다.

참고자료

Anikim. A., *Gold-the Yellow Devil*, International Publishers, N. Y., 1983.

Allen, G., *Gold, History from Ancient Times to the Present Day*, New York, 1965

Beck Rachel, *In Turbulent Times, Gold Becomes Hot Commodity*, December 21, 2005.

Bernstein, Peter L., *The Power of Gold : The History of an Obsession*, John Wiley & Sons, 2000

Blakemore, K., *The Book of Gold*, Stein & Day, 1971

Boyle, R. W., *The Geochemistry of Gold and its Deposits*, Geological Survey of Canada, 1979

Buranelli, Vincent, Gold, an Illustrated History, Dembner Enterprises, 1979.

Busschau, W. J., *Measure of Gold*, Central News Agency, 1949

Cartright, A. P., *The Gold Miners*, Purnell & Sons, 1962

Cartright, A. P., *Gold Refiners and Bars Worldwide*, Grendon International Research Pty. Ltd., 1991

Desebrock, Nigel, *The Industry Catalogue of Gold Bullion*

Coins, Grendon International Research Pty. Ltd., 1999

Friedberg, R., *Gold Coins of the World*, The Coin and Currency Institute, 1971

Green, Timothy, *The Gold Companion : The A-Z of Mining, Marketing, Trading and Technology*, Rosendale Press, 1997

Green, Timothy, *The New World of Gold-The Mines, the Markets, the Politics, the Investors*, Jonathan Ball Publishers, 1981

Green, Timothy, *The World of Gold*, Rosendale Press, 1993

Green, Timothy, *The World of Gold Today*, Walker Publishing Company, 1973

Hahn, Emily, *Love of Gold*, Lippincott & Crowell, 1980

Halliday, J. S., *The World Rushed In : The California Gold Rush Experience*, Gollancz, 1984

Hamilton Adam, *Gold Bulls' Three Stages*, Zeal, 2004.

Hamilton Adam, *Global Gold Highs*, Zeal, 2005.

Ivosevic, Stanley W., *Gold and Silver Handbook*, Ivosevic, 1984

Jastrom, Roy W., *The Golden Constant : The English and American Experience*, 1560~1976, John Wiley & Sons, 1977

Kettell, Brian, *Gold*, Ballinger Press, 1982

Klapwijk, Philip, *Gold Survey 2001*, Gold Fields Mineral Services, 2001

Kutz, Kenneth J., *Gold Fever*, Gold Fever Publishing, 1987

Lassonde, Pierre, *The Gold Book*, Penguin Books, 1990

Paul, R.W., *Californian Gold*, Harvard University Press, 1947

Puddephatt, Richard J., *The Chemistry of Gold*, Elsevier Scientific Publishing Co., 1978

Rapson, W.S., and Groenewald, T., *Gold Usage*, Academic Press, 1978

Robbins, P. and Lee, D., *Guide to Precious Metals and Their Markets*, Kogan Page, 1979

Rose, Sir. T. K., and Newman, W.A.C., *The Metallurgy of Gold*, 7th Edition, 1937

Sarnoff, P., *Trading in Gold*, Woodhead-Faulkner, 1980

Shinn, C. H., *The Story of the Mine : As Illustrated by the Great Comstock Lode of Nevada*, University of Nevada Press, 1980

Wise, Edmund M., *Gold : Recovery, Properties, and Applications*, Van Nostrand, 1964

青柳守城(あおやぎもりま), *金の知識*, 東洋經濟新聞社, 昭和 57.

荒木信義(あらきのぶよし), *円・ドル・金*, 日本關税協會, 昭和 61.

稲葉豊實(いなだとよみ), *金と投資*, 日本工業新聞社, 昭和 54年.

崎川範行(さきかわのりやき), *金の雑學*, ブルーバツクス, 1989.

高橋靖夫(たかはしやすお), *金投資入門*, KKベストセラーズ, 昭和 54.

増田義郎(ますだよしお), *黄金郷に憑かれた人々*, NHKブックス, 平成 元年.

松村善太郎(まつむらぜんたろう), *金とSDR*, 日本經濟新聞社, 昭和 44.

三宅義夫(みやけよしお), *金*, 岩波書店, 1968.

山下義男(やましたよしお) 外 3人, *金の經濟がわかる本*, ダイヤモンド

社, 昭和 56.

第一商品, *それからの金価格*, 現代書林, 1988.

プレジデント, *金の常識*, プレジデント, 1981.

www.eagletraders.com

www.goldinstitute.org

www.gold.org

www.the-privateer.com

www.anygoldnow.com

www.goldsheetlinks.com

www.kitco.com

⊙ 저 자 약 력 ⊙

채 대 석

*경북 청도 출생
*한국외국어대학교 경영학석사
*영남대학교 경제학박사
*일본 명치대학교 객원연구원
*Canada, The University of Windsor 객원교수
*동국대학교 상경대학장
*현) 동국대학교 상경대학 국제통상학과 주임교수

주요저서

*「국제무역론」
*「신국제무역론」
*「국제통상정책론」
*「따뜻한 심정으로 쓴 경제이야기」

논 문

*"Globalization and Services", Journal of Northeast Asian Economy and Management 등 다수

금! 금! 금! 금의 세계, 금의 경제, 금의 신비

• 초판 인쇄	2006년 2월 1일
• 초판 발행	2006년 2월 1일
• 지 은 이	채대석
• 펴 낸 이	채종준
• 펴 낸 곳	한국학술정보㈜
	경기도 파주시 교하읍 문발리 526-2
	파주출판문화정보산업단지
	전화 031) 908-3181(대표) · 팩스 031) 908-3189
	홈페이지 http://www.kstudy.com
	e-mail(e-Book사업부) ebook@kstudy.com
• 등 록	제일산-115호(2000. 6. 19)
• 가 격	24,000원

ISBN   89-534-4742-9 93320 (Paper Book)
        89-534-4743-7 98320 (e-Book)